Das Grünbuch
Essay

Falk Justin Drewitz

Das Grünbuch
Essay

Streifzüge durch eine Gesellschaft

*"Keine Begeisterung sollte größer sein,
als die nüchterne Leidenschaft zur praktischen
Vernunft."*

Helmut Schmidt,
Bundeskanzler der Bundesrepublik Deutschland vom 6.
Mai 1974 bis zum 1. Oktober 1982

*"Die Dinge anders zu betrachten (...) das ist der Beginn
soziologischen Denkens."[i] (Heinz Abels)*

*„Es ist die vornehmste Aufgabe des Soziologen: Sand
in gut geölte Getriebe gesellschaftlicher (und
theoretischer) Verhältnisse zu werfen, auf dass es
kräftig knirsche [...]“[ii]*

(Bruno Hildenbrand)

Herstellung und Verlag: BoD - Books on Demand,
Norderstedt;
1. überarbeitete Auflage 2016
ISBN: 9783743141957
© für dieses Werk: Falk Justin Drewitz
Umschlaggestaltung: Books on Demand

Die Deutsche Nationalbibliothek verzeichnet diese
Publikation in der Deutschen Nationalbibliografie;
detaillierte bibliographische Daten sind im Internet
über
http://dnb.d-nb.de abrufbar.

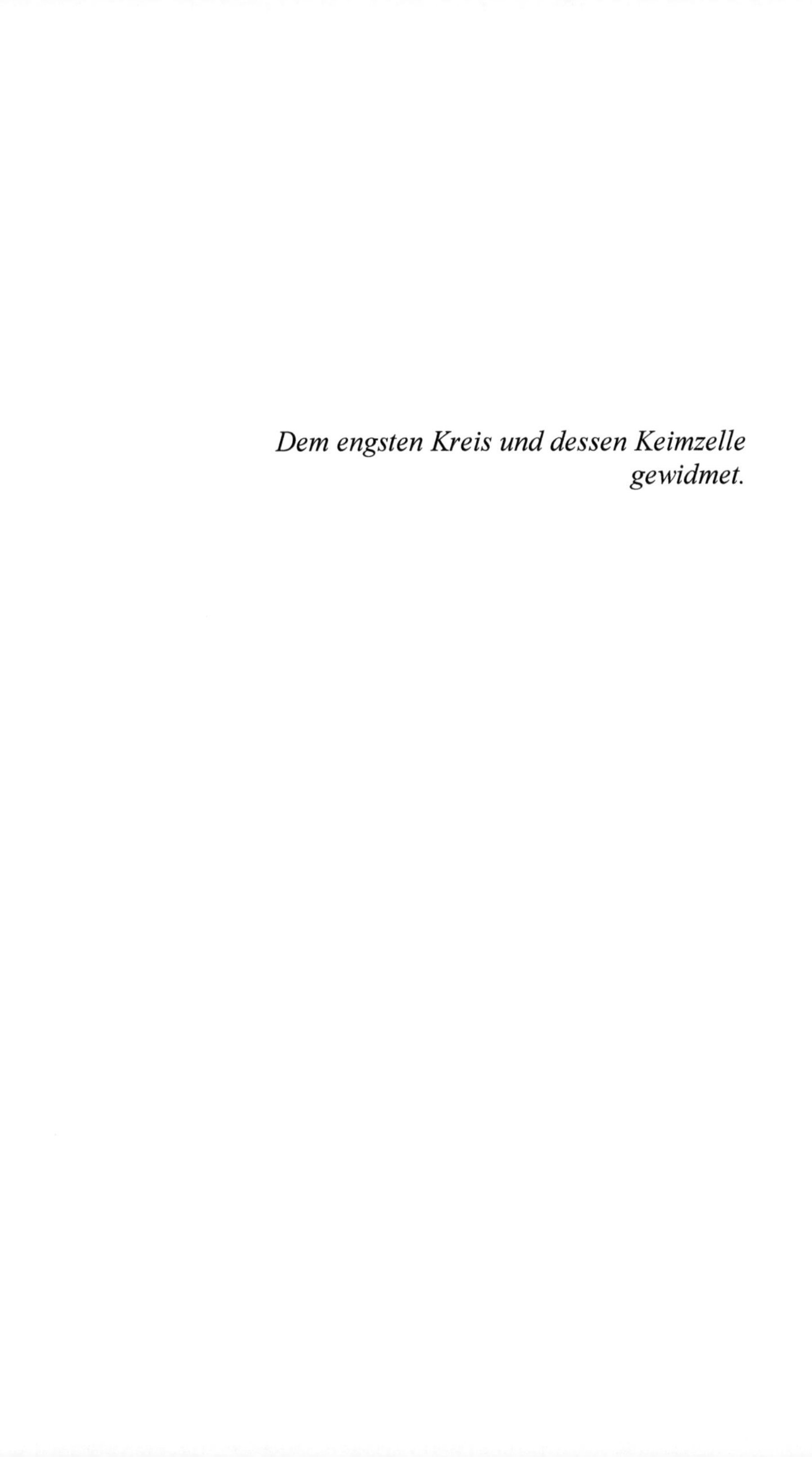

*Dem engsten Kreis und dessen Keimzelle
gewidmet.*

Inhaltsverzeichnis

Zu Beginn

Sie lesen ein *Grünbuch*. Normale, klassische Grünbücher sind Bestandteil der Politikgestaltung auf der Ebene der EU (vgl. Wessels 2008). Ein solches Grünbuch formuliert bzw. enthält eine breite Palette an Ideen und ist als Denkanstoß und Diskussionsgrundlage gedacht (vgl. Benz 2007). Das vorliegende Werk versteht sich als eine Art Grünbuch, denn es will in essayistischer Form Denkanstöße und Ideen zu unserer Gesellschaft geben.

Zu diesem Zweck wurden die einzelnen Beiträge als *Momentaufnahmen* angelegt.

Manche sind eher kurzgehalten, kompakt und einige sind etwas länger. Teilweise gehen die einzelnen Texte aufgrund ihres Inhalts in einander über und ergänzen sich, aber dies trifft nicht für alle zu. Die einzelnen Momentaufnahmen können also durchaus in beliebiger Reihenfolge gelesen werden. Nur alle drehen sich irgendwie um das Themenfeld *Gesellschaft*.

Dementsprechend hat die hier vorgelegte Analyse größtenteils exploratorischen Charakter und verzichtet somit auf jeglichen Anspruch der Vollständigkeit.

Der Autor im Jahr 2016

Ein Vorwort

Dieses Essay wurde im Verlauf der letzten 6 Jahre in lockerer Abfolge geschrieben. Also entstand dieses Büchlein nicht direkt in einem Guss, sondern wurde in mehreren Etappen abgefasst. Immer dann, wenn es etwas zu notieren galt, erfolgte der Griff zur Kladde. Eine logische Konsequenz dieses Arbeitsprozesses besteht darin, dass die meisten Beispiele jeweils im Kontext ihrer damaligen Aktualität zu sehen sind, aber partiell wird auch durchaus erkennbar, dass manche der angesprochenen Aspekte wenig oder auch nichts von ihrem Gehalt und der damit einhergehenden Relevanz eingebüßt haben.

Band 1 ist somit vorgelegt und an der Fortsetzung wird bereits gearbeitet, aber mehr wird noch nicht verraten.

Der Autor im Oktober 2016

Momentaufnahme 1: Jeder hat sie

Sie kennen sie. Ihr Nachbar. Ihr Partner, Ihre Freunde und auch Ihre Feinde kennen sie. Jeder kennt sie. Alle haben eine. Irgendwie, irgendwo. Die Rede ist von der eigenen *Sippe*. Alle Menschen haben ihre jeweilige Sippe. Dies ist ein weltweites Phänomen und vielleicht eins der wenigen Dinge, was alle Menschen gemeinsam haben. Egal, ob Europäer, Amerikaner, Afrikaner, Araber oder Asiate.

Die Familie bzw. Sippe ist etwas, was sich niemand aussuchen kann. Dies gilt jedenfalls für die ersten Jahre einer jeden menschlichen Laufbahn auf Erden, denn jeder einzelne Mensch wird in seine Abstammungsfamilie hineingeboren. Das war so in den ersten Jahrhunderten der Menschheitsgeschichte und es wird wahrscheinlich auch immer so bleiben. Der Mensch kann inzwischen immer mehr und in den unterschiedlichsten Bereichen beeinflussen und gegebenenfalls eingreifen.

Der Fortschritt lässt sich nicht aufhalten, jedes Zeitalter hat seine eigenen Fortschritte, aber bis zum eigenen jeweiligen Ursprung eines Menschen reicht der lange und länger werdende Arm des Fortschritts nicht. Oder konnten *Sie* sich *eine* Geburtsfamilie, die Wurzeln ihrer Existenz auswählen?

Ja, *Sie* konnten vielleicht das Milieu ihrer Sippe verlassen und aufsteigen, aber Hand aufs Herz und mal ehrlich, die Familie, in der ein jeder von uns mit dem

Zeitpunkt seiner eigenen Geburt gelandet ist, stellt sich als Ergebnis des Zufalls dar[iii].

Keine Panik, dies hier hat nichts mit dem althergebrachten *Gedanken des Klassenkampfs* zu tun, denn Aufstieg ist möglich. Nur nicht zu Beginn. Und selbst später kann der gesellschaftliche Aufstieg dennoch an gewisse Grenzen stoßen. Dies lässt sich erkennen, wenn man sich der Frage nach den Aufstiegschancen aus der Perspektive der soziologischen Eliten-Forschung nähert.[iv]
Am Anfang sind (alle) Babys gleich. Zwar kann sich die Elterngeneration der nächsten Generation ihre Kinder heutzutage mittels modernster medizinischer Methoden „aussuchen" (pränatale Diagnostik und Reproduktionsmedizin machen es möglich), aber seine eigenen Erzeuger bzw. (leiblichen) Eltern konnte sich kein Mitglied dieser Elternbaureihe auswählen. Fakt bleibt Fakt. Jedenfalls bis das Gegenteil bewiesen ist[v]. Auch hier.

Wie ist das nun also mit der Keimzelle des eigenen Vorhandenseins? Auf jeden Fall heterogen und eigentlich nicht (mehr) einfach zu beantworten, denn familiale Formen, Ausprägungen und Beziehungskonstellationen haben sich durch die Jahrhunderte und Jahrzehnte hindurch gewandelt und teilweise gar *neu* entworfen. *Wahlverwandtschaften* ergeben sich meist später, wenn die Abkömmlinge einer Familie ins eigene Leben starten und wenn sie dann ihrerseits eine Sippe gegründet bzw. erfolgreich erweitert haben, beginnt der gleiche Kreislauf für die nächste Generation auf ein Neues[vi]. Familien sind und waren die Keimzelle einer Gemeinschaft. In *Gemeinschaft und Gesellschaft* formulierte der

10

Soziologe Ferdinand Tönnies seine *„Grundbegriffe der reinen Soziologie"[vii]* und eben zu jenen zählt er auch den Gemeinschaftsbegriff. Tönnies differenziert innerhalb seiner Definition des Begriffes von Gemeinschaft und notiert:

[...] „Denn die Gemeinschaft des Blutes als Einheit des Wesens, entwickelt und besondert sich zur Gemeinschaft des Ortes, die im Zusammenwohnen ihren unmittelbaren Ausdruck hat, und diese wiederum zur Gemeinschaft des Geistes als dem bloßen Miteinander-Wirken und Walten in der gleichen Richtung, im gleichen Sinne. Gemeinschaft des Ortes kann als Zusammenhang des animalischen Lebens, wie die des Geistes als Zusammenhang des mentalen Lebens begriffen werden, die letztere daher in ihrer Verbindung mit den früheren, als die eigentlich menschliche und höchste Art der Gemeinschaft.
[...] Wo immer Menschen in organischer Weise durch ihre Willen miteinander verbunden sind und einander bejahen, da ist Gemeinschaft von der einen oder der anderen Art vorhanden [...] Und so mögen als durchaus verständliche Namen dieser ihrer ursprünglichen Arten nebeneinander betrachtet werden 1) Verwandtschaft, 2) Nachbarschaft, 3) Freundschaft. [...]" (Tönnies 1963, §6., S. 14-15).

Momentaufnahme 2: Kopfkino

Er drückte den Zigarillo in den Aschenbecher und griff zum Mineralwasser mit Eiswürfeln und den üblichen Pfefferminzblättern.
Dann stand er auf und trat ans Fenster. Es regnete. Seine Hand angelte in der Hosentasche nach der Schachtel und zog einen neuen Glimmstängel hervor. Die Schachtel war zur Hälfte schon leer. Für Pessimisten war dieses kleine Ding aus Pappe und Zellophan zur Hälfte leer, aber für Optimisten war sie halbvoll.
Es ist genauso wie mit dem Glas oder den beiden Fröschen im Milchkrug, dachte er sich und entflammte die gerollten Tabakblätter zwischen seinen Fingern. Seine Blicke wanderten zur Uhr an der Wand.

Einst war dieses Land das Land der blühenden Landschaften gewesen. Heute, heute blühten die Bäume seltener und – in übertragenem Sinne – auch nicht in allen Regionen des bundesrepublikanischen Staatsgebietes. Gut, wir waren relativ lang „Exportweltmeister" gewesen und der Export der deutschen Wirtschaft steuerte heute inzwischen fast die Hälfte des Sozialproduktes bzw. des Volkseinkommens bei, aber wie lange noch?[viii]

Die weltweite Finanzkrise[ix] hatte vor der Bundesrepublik Deutschland und ihren europäischen Nachbarn keine Notbremsung[x] gemacht. Die Konsequenzen waren bis ins Jetzt hinein noch wahrnehmbar.
Die führenden Wirtschaftsforschungsinstitute und ihre sogenannten Wirtschaftsweisen aktualisierten

12

regelmäßig ihre – teilweise düsteren oder realistischen – Konjunkturgutachten, Statistiken und Umfragen, die in ihren Analysen und Ergebnissen den jeweils gegebenen Zustand des Auslastungsgrades der Produktionskapazitäten der europäischen und/oder deutschen Volkswirtschaft(en) mit belastbarem Datenmaterial unterfütterten bzw. abbildeten , um dadurch den Akteuren im (wirtschafts-und finanzpolitischen) Politikbetrieb hin und wieder schonungslos die nüchternen Zahlen zu offenbaren. Für die Bundesrepublik Deutschland erforschten beispielsweise die Ökonomen des ifo-Instituts regelmäßig das sogenannte „Geschäftsklima" und der gleichnamige Index wurde in und von fast allen großen Medien routiniert zitiert.

Einige Wirtschaftswissenschaftler forderten (zu Beginn der Krise) die zügige Neuauflage von Bretton Woods, diese amerikanische Kleinstadt war 1944 Gastgeber einer Konferenz der damals führenden internationalen Finanzexperten.

Das Treffen diente erfolgreich der Einführung einer, damals neuen, (und heute dringend wieder erforderlichen) Weltwirtschaftsordnung und auch der IMF wurde infolge der Konferenz in Bretton Woods ins Leben gerufen, um die internationale monetäre Zusammenarbeit und die Stabilität der Wechselkurse sowie die Kreditvergabe (bei Zahlungsbilanzschwierigkeiten der Mitgliedsstaaten des IMF) und die Verwaltung eben jener Kredite zu organisieren und zu koordinieren[xi].

Selbst das Land der vormals unbegrenzten Möglichkeiten lieh sich heutzutage beim früheren Klassenfeind[xii] enorme Beträge[xiii].

Wir waren und sind Teil dieses immer diffiziler werdenden und weltweiten Systems, dachte Tom und seufzte.

In den täglichen Abendnachrichten schien eine Wortgruppe die Hauptrolle ergriffen zu haben.

Man sprach von Krisen in den unterschiedlichsten Bereichen, Rationalisierungen, Einsparungen, Kosten- und Gewinnoptimierung. Außerdem von Bankenpleiten in den USA, Kurzarbeit, dem katastrophalen Zustand des Bildungsbereichs rund um den Bologna-Prozess und neuerdings auch von Stabilitätsfonds, der Verhinderung von Staatspleiten und den Unsummen, die dem (deutschen) Fiskus durch Steuerhinterziehung vorenthalten wurden. Die schwarz-gelbe Koalition - unter Bundeskanzlerin Angela Merkel - stritt um Elterngeld, Frauenquote, Mindestlohn und Mütterrente. Bis zur Bundestagwahl 2013 und dann verschwand die FDP in den Tiefen der Bedeutungslosigkeit, aber die Themen blieben der zukünftigen Regierung schwarzroter Färbung erhalten, denn langweilig wurde es im politischen Berlin nie. Monate zuvor und so zwischendurch sahen sich die Kanzlerin und ihr damaliger Verteidigungsminister auch noch mit den Entwicklungen rund um die Drohne „Euro Hawk"[xiv] konfrontiert. International rückte seinerzeit die Causa rund um den US-Amerikaner Edward Snowden – samt ihrer diversen Facetten – zunehmend ins Blickfeld von Politik, Medien und Zivilgesellschaft.[xv] Auch der

14

russische Neo-Zar Putin wusste sich immer wieder geschickt einzumischen.

Die Welt wurde von Tag zu Tag größer und dennoch rückten alle Erdenbewohner immer enger zusammen und dies mit allen positiven Errungenschaften und nun auch erkennbaren Nebenwirkungen.

Die Zeiten eines Ludwig Erhard waren vorbei. Einige Leute hatten die Grundzüge der Sozialen Marktwirtschaft vollkommen ignoriert und sogar Adam Smith würde speiübel, bekäme er die Entwicklungen der letzten Jahre noch mit.
Heutzutage konnte man ohne großen Aufwand von A nach B, aber nur dann, wenn die Bahn mal pünktlich kam. Briefe schrieben fast nur noch Angehörige älterer Semester mit der Hand.

Der Rest vergewaltigte lieber die Tastaturen der so genannten Tablet-Computer und fingerte auf den Displays von Smartphones, um seine Post elektronisch zu verschnüren und sie dann auf dem digitalen Datenhighway rund um die Welt flitzen zu lassen.
Der technische Fortschritt war nicht mehr aufzuhalten gewesen. Warum hätte man ihn denn auch aufhalten sollen? Die Welt stand schließlich nicht mehr am Anfang der Industrialisierung.

Tom dachte nach. Er machte sich regelmäßig Gedanken über die Gesellschaft, das System. Hinterfragen, kritisch sein, nicht immer gleich nicken, das hatte Tom lernen müssen. Jeder vernünftige Mensch sollte bzw. müsste dies lernen. Viele beließen es allerdings beim Konjunktiv.

Welch Neuerungen hatten seit Beginn der Neuzeit die Welt revolutioniert? Es war einfach irre. Phänomenal. Gut, okay, die Erfindung von Schießpulver hatte schon recht früh die Kriege brutaler werden lassen. Dabei war es nicht geblieben. Heute hatte man Massenvernichtungswaffen und nicht nur das. Teile der Menschheit hatten auch durchaus positivere Dinge, Techniken und Errungenschaften zu Wege gebracht.

Die Erde hatte sich seit dem Urknall also ganz enorm weiterentwickelt. Age of development und das nicht nur in die negative Richtung. Was war er? Optimist, Pessimist, Realist, Fatalist? Sein Gehirn wusste es nicht. Konnte man es überhaupt wissen? Was konnte man wissen? Vielleicht war er ja eine Mischung.

Sozusagen ein biologisches Experiment? Irgendetwas zwischen Mensch und dem ganzen anderen Kram. Der Zeiger schob sich langsam auf die 12 zu. Er zuckte und schnippte den Rest der heißen Asche aus dem geöffneten Fenster.

Seine Nachbarin war nur noch im Bademantel. Zack, waren die Jalousien unten und verbargen seinen Augen den weiteren Blick. Er kannte sie eh schon. Und zwar ohne. Ohne Bademantel. Ja, mein Gott, es war damals nicht schlecht gewesen, aber... sein Kopfkino ließ die damalige Nacht noch einmal ablaufen. Tom notierte sich etwas in seiner Kladde. Seine Gedanken machten auf dem Absatz kehrt. Er blätterte durch seine Notizen. Alles fing mit ihnen an.

Draußen bremste ein Auto. Eine Tür im Hausflur schlug zu. Jemand machte sich und seinem Rausch grölend Luft. Er trat wieder ans Fenster. Im Licht der Straßenbeleuchtung torkelte sein Nachbar von unten links (lautstark pöbelnd) auf die Haustür zu. Wie voll kann man sein, dachte Tom.

Gut, okay, er konnte so einiges vertragen, aber manche Menschen vergewaltigten ihre Leber schon mit böswilligem Vorsatz und einige Leute beließen es leider nicht bei ihren eigenen Organen. Solche kaputten Geschöpfe landeten dann in einem der unzähligen Landeskrankenhäuser und kamen erst dort auf die Spur. Oder auch nicht.

Sein Kopf drehte sich einmal von links nach rechts und zurück. Berufstrinkern sollte echt, in der Folge ihres Handelns, die irgendwann anstehende Transplantation untersagt werden. So eine Maßnahme wäre zwar extrem, aber eventuell abschreckend. Allerdings gab es ja noch die Dunkelziffer innerhalb des innereuropäischen Organhandels, aber auf dem legalen Weg zur neuen Leber… würde Toms trinkender Nachbar noch länger auf eine rettende Spende warten müssen, weil sich die Patienten nämlich vorher in andauernder Abstinenz üben mussten. Manchmal wurde Tom halt zum Zyniker. Was war mit den anderen Drogen-Nehmern, den mutwillig Übergewichtigen und den vermeintlichen Barbiepuppen, die sich auf der Suche nach ihren Traummaßen und angestachelt von der neuesten Werbung für *„Diät - und iss nur die Hälfte vom Viertel Schokolade“*, die körperliche Unversehrtheit aus dem Leib kotzten? Wenn man es krass betrachtete, dann belasteten all diese Menschen und Mitglieder der Gesellschaft das Solidarsystem der Krankenkassen, weil manche Typen zu fett und andere Mitmenschen wiederum zu dünn waren. Folglich verhielten sich solche Leute zumindest indirekt asozial. Also – im wahrsten Sinne des Wortes – gegen die Gemeinschaft (der Krankenversicherten) und damit dann gegen eine Gesellschaft.

Mutwillig fette Menschen, regelmäßige Raucher und absichtliche Drogen-Nehmer sollten gesetzlich dazu verpflichtet werden, einen höheren Beitragssatz zur gesetzlichen Kranken- und Pflegeversicherung zu zahlen, denn schließlich waren die Behandlung von Folgeerkrankungen und die Behebung von Spätfolgen sehr kostspielig. Vielleicht sollte der Gesetzgeber auch einfach ein Maximal- und ein Minimalgewicht vorschreiben?

Doch solch eine Entscheidung war bisher nicht getroffen worden und wäre in einer Konsensdemokratie[xvi] wohl kaum mehrheitsfähig, da war Tom sicher. Das Geld, was man in Drogenhilfe - und Präventionsprogramme steckte, das sollte größtenteils eher in den Bildungsetat investiert werden, um infolge dessen dann auf spätere Interventionsprogramme verzichten zu können. Der Großteil der Bevölkerung nahm für sich doch das Privileg in Anspruch, aufgeklärt und mündig zu sein (bzw. sein zu wollen) und wenn man mündig und aufgeklärt war, dann konnte man selbst entscheiden, ob man sich den ersten Druck setzte, die erste bunte Pille oder das fünfte Tortenstück einwarf! Das Wort der *Eigenverantwortung* war zu einem regelrechten (Kampf)-Begriff geworden und nicht nur Altkanzler Gerhard Schröder hatte es, im

Zusammenhang mit der Reform-Agenda 2010, oft bemüht.

Es waren zwar nicht alle diejenigen, die sich für mündig und aufgeklärt hielten auch wirklich mündige Vollbürger, aber sie hatten trotzdem die Rechte eines Vollbürgers. Heutzutage wurde zwischen Vollbürger und Nicht-Vollbürger kein Unterschied mehr gemacht[xvii]. Ob dies immer und überall von Vorteil war, das stand auf einem anderen Blatt, aber Tom machte sich trotzdem seine Gedanken.

Was war er nun? Realist, Phantast, Fatalist? Jetzt hatte er Hunger. Sein Blick streifte noch einmal das Fenster seiner Nachbarin von gegenüber. Nun war es dunkel. Was sollte er essen? China-Mann? Pizza-Flitzer?

Ihm war eher asiatisch. Aber was? Die 122 mit doppelt scharfer Sauce? Bambus mit Anteilen von geschmacksneutralem, hormonverseuchtem Geflügel?

Pekingente? Tibet-Topf? Das Dissidenten-Menü? Seine Hand tippte die Rufnummer vom China-Mann. Die konnte er auswendig. Freizeichen an Freizeichen. Tom legte auf, ging zum Fernseher und leistete Marietta Slomka und ihrem *„heute Journal"* Gesellschaft. Wenigstens aß Tom dann nicht eventuell osteuropäisches Pferdefleisch zum Abend. Jedenfalls an diesem Tage nicht. Ob er zuvor ungewollt Pferd verspeist hatte, dies konnte er ja nicht wirklich wissen[xviii].

Heute sprach Slomka beispielsweise nicht mehr vom bangen Warten auf das Ergebnis des Mitgliederentscheids 2013, den die SPD medienwirksam inszeniert hatte, um sich von ihrer Basis seinerzeit das Mitregieren unter „Mutti Merkel" absegnen zu lassen, denn inzwischen war das neue Kabinett längst zusammengetreten und an einigen Stellen bereits innerhalb seines ersten Jahres umstrukturiert worden. Monate waren vergangen, die Nachrichtenlage aber änderte sich nur zaghaft, denn viele Themen blieben so oder so aktuell respektive wurden es nach scheinbarer Abwesenheit wieder.

Gerade ordnete ein Korrespondent die aktuellen Entwicklungen ein, die in der Ukraine gegenwärtig und seit Monaten zunehmend bürgerkriegsähnliche Schlachtfelder, Massenproteste, Tote und Zuspitzungen auf der Krim nicht enden ließen, die mal wieder Putins Machtstreben bewiesen und international auf immense Kritik stießen. Die geopolitische Großwetterlage entspannte sich also nicht wirklich.
Das Weltgeschehen hatte sich anscheinend dramatisch beschleunigt. Tom erinnerte sich noch an die Schlagzeilen der letzten Monate. Langweilig wurde es jedenfalls nicht. Beispielsweise Kleber, Sievers und Slomka führten größtenteils sehr gekonnt durch die Problematik des erneuten Versuchs der Friedensgespräche, die Israelis und Palästinenser (mal wieder) beginnen wollten, trotz aller Diplomatie flammte der kriegerische Konflikt weiter auf und das war nicht neu, sondern schien fast schon zur traurigen Routine werden zu wollen.

Der Nahost-Konflikt lähmte seit Jahrzehnten eine ganze Großregion und hatte viele Schauplätze.
Außerdem flimmerten in regelmäßigen Abständen hin und wieder Informationen zur Entwicklung der Syrien-Krise und Updates zum internationalen Kampf gegen

20

den islamistischen Terror über die Bildschirme und Monitore der Republik. Seit Monaten zogen sich die Friedensbemühungen für Syrien hin und die Weltöffentlichkeit schien, angesichts der komplexen Problematik, nahezu zerstritten zu sein. In Europa gewannen die Skeptiker des gemeinsamen Projekts immer mehr an Boden, PEGIDA und die rechtspopulistische Partei AfD übten sich in der Hauptrolle des geistigen Brandstifters und schürten Ressentiments gegen die Menschlichkeit. Ihre politischen Vertreter hetzten regelmäßig und sehr facettenreich gegen Flüchtlinge, Ausländer und die Demokratie, konnten aber ihrerseits keine sinnvollen Lösungsvorschläge unterbreiten, sondern provozierten, attackierten ihre Gegner und radikalisierten ihre Anhänger.

Der Finanzkrise und deren Folgen, die mitunter den deutschen Steuerzahler noch weiterhin belasten würden, spendierte man noch einige Minuten der kostbaren Sendezeit. Dann erwähnte man des Öfteren die Probleme der Automobilindustrie, die an den Abgaswerten deutscher Premiummarken teilweise manipulieren ließ, um Grenzwerte zu untertreiben. Darüber hinaus begehrte neuerdings eine Protestbewegung in der Türkei auf und schreckte vor Wasserwerfern und Tränengas nicht zurück. Die Herren am Bosporus reagierten darauf bspw. mit nationalen Sperrungen der weltweit genutzten Internetplattformen, Einschränkungen der Pressefreiheit, massenhaften Verhaftungen und Erpressungsversuchen gegenüber der europäischen supranationalen Ebene. Allerdings waren diese Bilder inzwischen fast wieder aus den Medien verschwunden, denn der „Sultan" Erdogan sah sich selbst ganz anders und als Glücksfall für seinen Staat, den er zunehmend autoritär zu führen begann. Der Berichterstattung würde das Futter nie ausgehen und dabei war es vollkommen egal, ob irgendein tödlicher Virus grassierte, Lebensmittelskandale aufgedeckt oder Terrorbestrebungen publik wurden, die aus den Kreisen der sogenannten Salafisten[xix] explosiv hochbrodelten und den westlichen Teil der weltlichen Wertegemeinschaft mit ihrer Tod und Elend bringenden Intoleranz und unmenschlicher Brutalität in Angst und Schrecken versetzten, denn der Mensch an sich produzierte immer Konfliktpotentiale und inhumane Abgründe taten sich seit jeher und in jedem Kapitel der Menschheitsgeschichte erneut auf. Was war Tom nun? Pessimistischer Realist, optimistischer Fatalist? Er verfolgte den Satellitenfilm. Das Wetter sah wirklich nicht grad super aus. Die Schachtel war jetzt fast leer. Er rauchte den letzten Zigarillo.

Die Sonne weckte ihn auf. Er hatte lange geschlafen. Nur nicht im Bett, sondern auf dem Sofa. Der Fernseher lief noch und übertrug mittlerweile einen katholischen Gottesdienst im neuangebrochenen Zeitalter nach dem Rücktritt des Pontifex Benedikt XVI. Die katholische Debatte war noch nicht an ihr Ende gelangt. Auch unter einem neugewählten Mann auf dem Stuhl Petri nicht. Sie stand seit 2013 vor einem Neubeginn unter dem Jesuiten Franziskus. Der neue Träger des Fischerrings mischte seine Glaubensgemeinschaft richtig auf, brachte Farbe und frischen Wind in die alten, verstaubten Gemäuer der römisch-katholischen Weltkirche.

Tom stand auf, schaltete das Gerät ab und kippte den Inhalt des Aschenbechers in den Mülleimer in der Küche.

Dann stellte er das Radio an und suchte nach der passenden Musik zu diesem Morgen. „She loves you" schmetterten ihm die Beatles entgegen. „Von wegen", dachte er. Dann zog es ihn ins Badezimmer. Inzwischen erklang „Hey, Soul Sister ". Das Lied passte. Seine Finger angelten ein frisches Badetuch vom Regal und er drehte die Dusche auf, trat darunter und pfiff den aktuellen Song aus dem Radio mit. Wie viele Menschen sangen wohl allmorgendlich unter der Dusche, überlegte er und verstummte schlagartig. Man musste es ja nicht gleich immer übertreiben. Er schäumte seinen Kopf ein. Eine Stunde später war er frisch rasiert und angezogen. Der Abwasch war schnell erledigt. Manche Vorteile musste das Single-Dasein ja haben. Was die Nachbarin von der anderen Straßenseite jetzt wohl machte? Der morgendliche Kampf mit dem Toaster endete mit einem Unentschieden. Tom ergriff die Mülltüte, ging in den kleinen Flur und sperrte die Wohnungstür auf. Auf dem Treppenabsatz begegnete ihm der Herr Schröder von oben rechts. Man grüßte sich tonlos und Tom ging in Richtung Aufzug. Sein Nachbar eilte die Treppe hinunter. Unten schlug die Haustür zu. Ein Hund bellte. Der Fahrstuhl verweigerte seit Wochen seinen Dienst. War das Ding bei Ver.di organisiert, von den Linken angestachelt?

Egal. Tom trommelte kurz gegen die Fahrstuhltür und nahm dann den Weg über das Treppenhaus. Draußen warf er seinen Müll in die Tonne und ging über den Innenhof. Die Straße war menschenleer. Er hob eine zerbeulte Bierdose aus dem Rinnstein und warf sie in eine in der Nähe stehende Mülltonne. „Billig"- Pils. Typisch sein Nachbar. Der von letzter Nacht. Wenn man schon trank, dann sollte man auch vernünftiges Zeug konsumieren, fand Tom, aber da waren die Ansprüche eben höchst variabel. Manche betranken sich mit einer 250 Euro-Flasche Rotwein und andere Trinker kippten halt billigeren Fusel. So was war von Schicht zu Schicht verschieden. Einstweilen war es Mittag[xx]. Er war einfach nur so durch die Straßen gelaufen. Nun stand er wieder vor dem Durchgang zum Innenhof. Kindergeschrei drang über die Fläche zu ihm. Er überquerte den Hof. Plötzlich spürte Tom einen dumpfen Schlag. Ihn ergriff ein heftiger Schwindel, er taumelte an die Hauswand. Es krachte.

Aus wahrscheinlich weiter Ferne waberten Wortfetzen von Kinderstimmen an sein Ohr: „Entschuldigung", piepste die helle Stimme eines laufenden Halbmeters. Tom hielt sich seinen dröhnenden Schädel. Er nickte. Vor ihm stand der eine Junge seiner direkten Etagennachbarin. Der Kleine sah ziemlich zerknirscht aus. Sein Fußball hatte erst Toms Kopf getroffen, war abgeprallt und anschließend in einem der unteren Fenster gelandet. „Na, Du BVB-Nachwuchshoffnung. Du hast ja echt schon Talent, Kleiner, " Tom grinste den Lütten an. Der strahlte. Auf einmal stand Toms direkte Nachbarin neben ihrem Nachwuchs. „Sag mal, spinnst du jetzt?", sie musterte ihren Sohn. Der wich mit seinen Blicken gen Boden aus und lief ins Haus. Seine Mutter schaute Tom an.

„Sorry, das ist mir echt unangenehm, aber in den Ferien dreht er manchmal etwas am Rad", sie lächelte. Besser manchmal durchdrehen und sich mit dem Ball austoben

– als mit irgendwelchen dieser in Mode gekommenen Psycho-Pillen für angeblich hyperaktive Kinder zugedröhnt zu werden und anschließend unterm Rad zu landen, überlegte sich Tom. Zu früh musste man Kinder natürlich nicht an Rauschmittel gewöhnen, fand er. Mit dem Phänomen des sogenannten *Binch drinking* würde der Kleine, wenn er Pech haben sollte, noch früh genug konfrontiert werden[xxi]und das nicht nur zu Karneval. „Kein Problem, wenn Sie heute Abend mit mir essen", Tom lächelte seine Nachbarin an. Brünette, lange Haare, Jeans, lange Beine, die in gepflegten italienischen Stiefeln steckten, nette Bluse und ein hübsches Lächeln.

Seine Nachbarin konnte sich echt sehen lassen. Manchmal musste man eben in die Offensive gehen und das war dann nicht gleich eine Art des Sexismus. Auch dann nicht, wenn dies von so mancher Journalistin in diesem Staat (aktuell) anders bewertet werden würde.

Die Debatte um den FDP- Politiker Brüderle und das, was damit zusammenhing, hatte seinerzeit tagelang das Thema in den üblichen TV-Talkshows bestimmt.[xxii]

Sie nickte. „Okay, ich komme so um 20 Uhr zu Dir, dann schläft der Nachwuchs", sie lächelte kurz, drehte sich um und folgte ihrem Kleinen ins Haus. Er nickte innerlich.

Tom machte seine Wohnungstür hinter sich zu. Ging ins Wohnzimmer und setzte sich an den Schreibtisch. Seine Hand drehte das Feuerzeug zwischen den Fingern, griff in die Zigarillo-Schachtel. Sein Tabakkonsum hatte in den letzten Wochen wieder zugenommen, aber er konnte nicht anders. Natürlich konnte er anders, es gab immer mehrere Möglichkeiten, aber momentan hatte er Lust auf

Tabak – hin und wieder und daran änderten auch die neuen Richtlinien und Gesetze zum Nichtraucher-Schutz nichts. Der Rauch stieg in Kringeln an die Decke und nebelte Tom zu. Er blickte auf die Uhr an der Wand. Es war bereits 2 Uhr an diesem Nachmittag und es war Sonntag. Tom dachte nach.

Er dachte an seine Etagennachbarin und stellte sich diese nackt vor. Er spielte aber nur kurz mit dem Gedanken. Sie kannten sich aus dem Theater und auch im Abendkleid machte die Mittdreißigerin einen super Eindruck.

Aus der Wohnung seines „Billig"-Pils-Nachbarn klang der Songtext von „I will survive" zu Tom nach oben.

Die traurige Hoffnung des Schicksals, denn solche Berufstrinker wurden bestimmt selten über 60 und der Trinker da unten soff seit mindestens zwei Jahren so extrem, dass man glauben konnte, er würde es auf Rezept bekommen, dachte Tom. In der heutigen Gesellschaft bekamen etliche Leute ihre Pillen, Ersatzdrogen und anderen Kram auf Krankenschein, aber von einem durch die Krankenkassen subventionierten Billig-Bier-Konsum, davon hatte Tom noch nichts gehört und er zählte sich zu den Informierten dieser Gesellschaft.
Er schrieb so einen typischen gelben Klebezettel und sprintete mit dem Ding in der Hand zur Wohnungstür seiner Etagennachbarin. Sie würde heute Abend doch ohne ihn auskommen müssen, hatte er beschlossen und war froh mit dieser Entscheidung.

Manchmal mussten eben Prioritäten gesetzt werden. Er könnte zwar, aber er wollte nicht. Nicht heute, nicht jetzt und nicht am Abend. Tom ging in seine Wohnung zurück und packte, nach einem prüfenden Blick auf sein Konto, die Reisetasche. Er musste einfach mal wieder raus ins System.

Momentaufnahme 3: Der Aufbruch

Der Bus war mal wieder überfüllt und das an einem Sonntag. Nachmittags um 4 Uhr.

So ein Scheiß. Dabei waren diese neuartigen Busse doch schon 25 Meter lang und hatten vier große Türen, aber die meisten der Fahrgäste waren anscheinend zu blöd, dies zu raffen, denn alle diese stupiden Großstadtopfer pressten sich an jeder Haltestelle erneut nur in eine Tür und beschwerten sich über zu wenig Platz. Tom analysierte dieses abstruse Schauspiel mit innerlich schüttelndem Kopf und schmunzelte. Nach guten 20 Minuten Fahrzeit stoppte der Bus endlich am Bahnhof. Die Massen drängten hektisch über die Straße. Er betrat den Bahnhof.

In der Vorhalle wurde gerade ein „Gras" „vertickender" Kleinkrimineller von der Polizei festgenommen und nutzte die Situation, um den vorbeieilenden Menschen lautstark seinen Protest kundzutun.
Die Schlange am Fahrkartenschalter wollte mal wieder kein Ende finden. Dieses Land hatte echt viele gut versorgte Rentner und Ruheständler. Außerdem waren gerade Schulferien und etliche Familien zog es in den Urlaub. Tom stöhnte und stellte sich genervt in die Reihe. Die Bahn schuf sich aber manchmal auch echt selbst ihr Chaos, denn wer blickte beispielsweise bitte bei all den ganzen unterschiedlichen und noch einmal extra differenzierten Supersparpreis-, Frühzahler-, und Spätfahrertarifen noch durch den Angebotsdschungel?

Daran würde der Börsengang der Deutschen Bahn und ihrer AG, wenn er denn irgendwann wirklich kommen sollte, nichts ändern, da lag Tom bestimmt nicht ganz falsch mit seiner Einschätzung. Im Verlauf der vergangenen Monate sahen sich die Herren der Schiene noch mit Personalmangel in der Gruppe ihrer Fahrdienstleiter, die für den reibungslosen Ablauf in den Stellwerken sorgten, konfrontiert, aber nicht nur hier wurde die Deutsche Bahn vor Herausforderungen gestellt, denn in jüngster Vergangenheit ließen die gewerkschaftlich organisierten Lokomotivführer immer wieder die Muskeln spielen, um im Arbeitskampf ihre Interessen durchzusetzen.[xxiii] Das alles kostete Zeit und Geld und drängte den Börsengang des DB Konzerns in weite Ferne. Nach den Problemen am Mainzer Hauptbahnhof, die – im Jahr 2013 – dafür gesorgt hatten, dass die Landeshauptstadt zumindest gleisseitig von der Außenwelt abgeschnitten war, äußerte sich der damalige Bundesverkehrsminister eher zurückhaltend und schloss einen zeitnahen Börsengang des Unternehmens vehement aus.[xxiv] Außerdem kämpfte man an den Börsen damals und momentan noch immer mit den Folgen der Finanzkrise. Die Indizes mussten sich erst wieder einpendeln. Der DAX war seit Monaten jedenfalls hin und wieder gut gelaunt, fuhr aber dennoch seine Runden auf der Achterbahn der Konjunktur, die bekanntermaßen nicht statisch war, aber das gehörte dazu. Die Analysten des Statistischen Bundesamtes waren jedenfalls entspannter und sahen Deutschland im Jahr 2014 wieder auf Rekordkurs – jedenfalls im Außenhandel[xxv].

Nach einer geschlagenen Dreiviertelstunde hatte er seine Fahrkarte. Der Fahrstuhl zum Gleis roch, wie üblich, nach einem billigen Kneipenklo.
So stank „Billig"-Pils also, wenn es ausgeschieden worden war – wirklich ekelhaft! Vielleicht hätte Tom diesmal doch einen dieser neuen Fernbus-Anbieter wählen sollen.

Tom trat aus dem Aufzug auf den Bahnsteig. Der Zug kam. Er stieg ein und fand seinen reservierten Sitzplatz. Sein Gepäck warf er auf die Ablage über seinem Kopf und setzte sich in einen dieser bequemen Sitze. Der Zug stand. Was war jetzt schon wieder? Ja, es war ein ICE, aber der hatte sein Pannen-Soll für dieses laufende Quartal eigentlich schon längst erfüllt. Daran konnte es also nicht liegen. Auch der letzte Streik der Lokführer war aktuell wahrscheinlich nicht das Problem, zumal momentan verhandelt wurde, aber egal. Er griff zum Angebotszettel des Bordbistros. Die Preise dort waren inzwischen richtig saftig. Allerdings konnte man dies von den angebotenen Buletten-Brötchen nicht immer sagen!
Nach einigen Minuten schlossen sich die Türen und das Schienenfahrzeug setzte sich in Bewegung. Der Zugchef verkündete über die Lautsprecher, man habe den Bahnhof leider mit circa 10 Minuten Verspätung verlassen, sei aber bemüht und werde die Verzögerung sicher aufholen können. Die Reise begann. Der Zug schoss an kleineren Bahnhöfen und Haltepunkten vorbei. Die meisten dieser Bahnhofsgebäude stammten aus lang vergangenen Zeiten.

Aus einer Ära vor Hartz IV und ARGE, Minijob und Finanz-Gau international. Für sie war der Zug schon längst abgefahren. Endstation. Das war echt arg. Wo war sie inzwischen angekommen? Nicht die Bahn, die Gesellschaft, fragte sich Tom. Waren denn überhaupt schon alle Mitmenschen angekommen? Wenn ja, dann wo?

Tom zweifelte. Aber zumindest war *er* schon mal da, hier, jetzt. Sein Ich. Und Tom *dachte*. Also stimmte der bekannte Philosophensatz *„cogito, ergo sum.“* zumindest bei ihm.

Was war dann allerdings mit den Leuten, Mitgliedern der Gesellschaft, die nicht dachten? *Waren* deren *Ichs* dann trotzdem? Wenn man sich so tagtäglich umsah, dann musste man manchmal notgedrungen davon ausgehen, dass *diese* Menschen da, dort und hier waren. Jetzt musste Tom das *Sein* definieren, denn eine Frage schob sich immer weiter in den Vordergrund: „*waren* diese Menschen jetzt da, waren sie bereits *gewesen* – oder würden sie noch kommen und damit in Zukunft da *sein?*“ Wollte Tom dann Teil dieser sich neuformierenden und momentan ziemlich deformierten Gesellschaft sein?

Aus der Verantwortung konnte er sich nun aber nicht einfach verabschieden und das hatte er nicht vor, denn Verantwortung für die Gesellschaft zu haben, sie jedenfalls teilweise sinnvoll mitzugestalten, das war basal und würde in Zukunft noch wesentlich notwendiger, wenn auch nicht leichter werden.

Der Zug fuhr mit 12 Minuten Verspätung in den nächsten Bahnhof ein. Berlin Hauptbahnhof (tief).

Es war mittlerweile 20 Uhr an diesem Sonntag. Der Bahnsteig war voller Menschen. Wie immer um diese

Uhrzeit. Auch dies war eine Folge der mobiler werdenden Gesellschaft. Pendler, Wochenendheimfahrer auf dem sonntäglichen Rückweg zu ihrem Wohnort während der Arbeitswoche. Tom musterte die Zusteigenden.

Eine junge Frau blieb telefonierend auf seiner Höhe stehen und signalisierte tonlos und voll auf das Gespräch konzentriert, dass der freie Platz neben Tom der ihre sei.

Tom nickte und warf der Mittdreißigerin ein kurzes Grinsen zu. Sie verstaute einhändig ihr Gepäck, denn das Telefon hatte sie noch immer am Ohr:

„Ja, mein Schatz, ich wäre auch noch gern länger geblieben, aber der Kunde will morgen Vormittag die Präsentation auf seinem Tisch haben und um 14 Uhr geht meine Maschine von...", Toms Sitznachbarin nahm ungläubig das Telefon vom Ohr: „Ben, hallo – also echt, da legt dieser Typ doch einfach auf", sie steckte das Mobiltelefon – oder wie es verblödend nur in Deutschland hieß – ihr Handy ein und klappte ihren Laptop auf. Mussten denn all diese Leute ihre unmittelbare Umgebung (in diesem Moment also den Großraumwagen) mit Problemen aus ihrer Privatsphäre nerven?

Tom wunderte sich über die anscheinend immer größer werdende Bereitschaft mancher Leute, ihre Privatsphäre der Öffentlichkeit in einem zunehmenden Maße zu offenbaren.

Dieses Phänomen begann schon bei den etlichen Kundenkarten und Bonusprogrammen der Kaufhaus-

Konzerne. Erste Kundenkarte, zweite Rabattaktion, zehnter Onlineshop mit Gewinnspiel und überall gaben die meisten Leute freiwillig und teilweise durchaus naiv ihre Daten preis.

Nach der ersten großen Datenpanne (nicht die staatseigene nach britischem Vorbild), sondern die eines großen deutschen Kommunikationskonzerns, war die Empörung allerorts groß gewesen.

Auch der US-Geheimdienst NSA war vor einiger Zeit – und das dürfte den dortigen Entscheidern gar nicht gefallen – immer offener in die Schlagzeilen und Debatten der internationalen Medien und somit ins Blickfeld der Öffentlichkeit geraten.

Daten waren heutzutage eben nicht mehr nur in Schließfächern, Aktenschränken und auf USB-Sticks lagerfähig, sondern waberten in immer größeren Wolken durch die Welt, was dazu beitrug, dass das, was Daten aussagten beziehungsweise beinhalteten, auch und in zunehmendem Maße, mobil und so nahezu ständig verfügbar war. Nehmen wir Marketingstrategien als ein weiteres Beispiel, dachte Tom.
Jede Adresse hat ihre Geschichte und immer mehr Unternehmen machen sich diese nutzbar. Sie handeln mit Adress- und Kundendaten. Dieser Handel ist eine der wichtigsten Grundlagen, um erfolgreich Direktmarketing-Maßnahmen betreiben zu können. Nennen Sie Ihre Wunschkriterien für die Suche und die Datenbanken stellen Ihnen ganze Kontaktlisten zur Verfügung. Natürlich umfassend, aber nicht kostenlos.

Toms Sitznachbarin tippte die nächste Rufnummer in ihr Gerät. Ja, ja, die Deutschen und ihre „Handys"!

Gut natürlich war man heutzutage weltweit mit Mobiltelefonen ausgestattet (auch Tom nutze die Vorzüge der mobilen Kommunikation täglich) und unterwegs, aber Handys, *Handys* gab es nur in Deutschland.

Die Briten nannten es anders, die Amerikaner, die Franzosen, aber die Deutschen bezeichneten es in der Mehrheit der Fälle als *Handy.* So war es seit Jahren im Duden zu finden *und* mittlerweile fest im alltäglichen deutschen Sprachgebrauch vieler Menschen verankert.

Eine große Gruppe hielt dieses Wort (in jenem Kontext) wahrscheinlich auch noch für richtiges Englisch. Dieses Wörtchen war zwar wirklich kein Neologismus mehr, aber in Wirklichkeit dennoch ein Kunstwort. In Amerika und/oder in Großbritannien nannte man diese Geräte *cell phone, mobile phone* – Handys kannte man dort nicht.

Was man hier wie dort allerdings sehr wohl kannte und was mittlerweile durch erste Studien bestätigt wurde, war das Phänomen der Angst vor dem Verlust des eigenen Smartphones.

Seit einigen Jahren gehörten die mobilen Alleskönner ins alltägliche Stadt- und Straßenbild unserer Gesellschaft.

Viele Menschen starrten im Gehen fast gedankenverloren und tippend auf die Displays ihrer smarten Telefone, schienen ihre Umwelt währenddessen aber nahezu auszublenden. Tom begegnete den

Dauertippern in der S-Bahn, in Fußgängerzonen, Parks und Warteschlangen, aber auch an Straßenkreuzungen, Bushaltestellen und in Straßencafés waren Leute anzutreffen, die schon fast unruhige Finger bekamen, wenn sie ihr iPhone 6s, Samsung oder HTC mal nicht gleich griffbereit hatten, wenn sich eine WhatsApp-Nachricht oder eine E-Mail angekündigt hatte. Man könnte ja vielleicht etwas verpassen, wenn man nicht sekündlich auf den jeweiligen Kommunikationsversuch einging und stattdessen mal die vermeintliche Dringlichkeit ignorierte.

Tom war kürzlich auf eine Erhebung aufmerksam geworden, die aus den Federn der Herren Russell B. Clayton, Glenn Leshner und Anthony Almond stammte und den Suchtfaktor Smartphone thematisierte. Anhand dieser Studie hatten die drei Wissenschaftler zeigen können, dass der zeitweise Entzug eines iPhones dessen jeweilige Besitzer/Nutzer teilweise psychisch und physisch enorm belastete.
Die Probanden reagierten mit Konzentrationsstörungen, ängstlicher Unruhe, physischen Symptomen und waren nicht mehr in der Lage dazu, kognitive Leistungen (bspw. Denksportaufgaben etc.) fehlerfrei zu bearbeiten respektive zu lösen.[xxvi]

Momentaufnahme 4: Totale Television

Tom lehnte sich in seinem Sitz zurück und schaltete seinen MP-3-Player ein, schloss die Augen und der Zug fuhr weiter. Die letzten zweieinhalb Jahre waren für Tom nicht leicht gewesen, aber er hatte die Kurve noch einmal bekommen. Zwar musste er sich jetzt einigen Änderungen unterwerfen, aber darunter waren auch einige sehr konstruktive Neuerungen.

Seine Beziehung war in dieser Zeit auf der Strecke geblieben, aber diese Zeit hatte ihn realistischer, kritischer und auch selbstkritischer werden lassen. Das war gut so und die vergangenen Jahre waren wohl notwendig gewesen, um sich jetzt neu ausrichten zu können.

Seine Finger spulten einen Song weiter. Er war also kritischer geworden, aber das störte ihn nicht, sondern ermöglichte neue Denkrichtungen. Nun hatte er Zeit. Er war zum Beobachter geworden. Beobachtet hatte Tom die Gesellschaft immer schon, aber nach dieser vergangenen Lebensphase war er genauer geworden und wollte wiederum noch genauer und schärfer werden, denn im Rückblick merkte er jetzt, dass er sich – quasi in einer Art des empirischen Selbstversuchs – einem Teil der Gesellschaft zugewandt hatte, der eine Subgemeinschaft[xxvii] innerhalb der eigentlichen Gesellschaft darstellte und sich mit der Konzeption von Fiktionen beschäftigte. Fiktionen, die vom Alltag ablenken und die teilweise harte Realität in seichtere Farben tauchen sollten, um sie so für die breite Masse erträglicher werden bzw. erscheinen zu lassen. Dieses Einfärben in rosafarbenen Abstufungen nannte sich – zu Zeiten Cäsars – noch ganz klassisch *„Brot und Spiele für das Volk"*. Heutzutage verfolgte diese Strategie zwar noch immer ihr altbekanntes Ziel, aber wurde anders genannt. Man sprach vom sogenannten Tititainment[xxviii] und Tom wusste genau, wie dieses Programm gestaltet und gesteuert wurde, denn er war - in den bereits erwähnten zweieinhalb Jahren - selbst einer der vielen Akteure in diesem Subsystem gewesen. Tom stoppte die Wiedergabe des aktuellen Titels und schlug die Tageszeitung auf.

Er musterte kurz den Leitartikel, dann blätterte Tom bis zum Feuilleton. Seine Augen verweilten auf einem Artikel, einer Kritik zu einem kürzlich ausgestrahlten Fernsehspielfilm.

Aus Interesse überflog Tom den Bericht kurz. Der Autor ließ keinen einzigen guten Filmstreifen an dem Projekt, die Kritik war niederschmetternd und nahm kein Blatt vor den Mund. Auch die Schauspieler kamen nicht gut weg, denn auch der Autor dieses Artikels stellte fest, dass die meisten Caster[xxix] immer einfallsloser wurden. Der in dieser Kritik gescholtene Film war mit den immer und ewig gleichen Fernsehgesichtern sogenannter Stars besetzt worden und da war, gerade in Deutschland, nicht wirklich etwas Innovatives zu erwarten. Tom ließ die Reihe der kritisierten Fernsehschauspieler vor seinem inneren Auge ablaufen.

Warum wurden Menschen (Fernseh-)Schauspieler?
Wenn man zynisch sein wollte, dann konnte man die Behauptung aufstellen, dass alle diese bekannten Fernsehnasen mit ihrem realen Leben nicht klarkamen und deswegen ständig in neue fiktive Persönlichkeiten (ihre Filmrollen) schlüpfen mussten! Tom las den Artikel weiter. Endlich traute sich jemand und schrieb gegen den immer weiter voranschreitenden Mist auf den Verblödungsfernsehsendern an. Tom seinerseits konnte das nur unterstützen. Das Niveau im deutschsprachigen

Fernsehen sackte schon seit längerem unaufhaltsam in den Keller.

Die Redakteure schienen zunehmend nur noch seichten Scheiß (zur Beruhigung und Ablenkung der Massen von der Realität des Alltags) durch ihre Redaktionskonferenzen zu winken und die Programm-Chefs nickten es anstandslos und (in der Mehrheit der Fälle wohl auch ohne die geringsten Skrupel) ab.

Die meisten Formate[xxx] waren nicht mehr besonders anspruchsvoll, aber das mit dem *Anspruch* war wohl echt eine Frage der Definition, der Begriffsklärung. Diese Gesellschaft verkam zu einer Talkshow-Nation im Sinne der totalen Television und Unterhaltung. Neil Postman, Medienwissenschaftler und einer der großen Kritiker der Unterhaltungsindustrie und ihrer Massenmedien, hatte bereits 1985 davor gewarnt bzw. darauf verwiesen, dass zwar die Utopien der Herren Orwell und Huxley nicht eingetreten waren, aber schritt man heutzutage Postmans Überlegungen und Gedankengänge erneut ab, dann zeigte sich, dass Postman schon 1985, also zufällig ein Jahr nach der Gründung des ersten deutschen Privatsenders, vor dem warnte, was heute längst für viele Menschen zum Alltag gehörte – die schöne neue Welt, in der wir uns zu Tode amüsierten bzw. dies könnten, wollten wir eben dies. Postman stellte mit seinem gleichnamigen Buch also eine provokante These auf, dass wir uns zu Tode amüsieren und wenn nicht das, dann doch wenigstens selbst betäuben.[xxxi] Vieles war eine Frage der Definition. Gerade im Unterhaltungsbereich von Film und Fernsehen. Nur noch selten schien es im Fernseh-Programm um Qualität zu gehen. Wenn man wusste, dass der öffentlich-rechtliche Rundfunk (aus den Mitteln der

38

Rundfunkgebühren) jährlich mit einer Summe in der Größenordnung von etwa 7.492.520 Euro versorgt wurde[xxxii] und allein dem Zweiten Deutschen Fernsehen (ZDF) von dieser Gesamtsumme circa 1,7 Milliarden[xxxiii] zuflossen, dann waren der zunehmende Mangel an Qualität und der Schwund des intellektuellen Anspruchs zwar nicht schwerer nachzuvollziehen, denn bekanntlich sagte die Höhe eines entsprechenden Budgets nichts über dessen sinnvolle oder sinnfreie Nutzung aus, aber trotzdem stimmte dieser Aspekt etwas nachdenklich.[xxxiv]

Oder präzisier formuliert: das, was nunmehr die größtenteils gebührenfinanzierten öffentlich-rechtlichen Sender in ihrem Programm platzierten, konnte echt schon als geradezu mutig bezeichnet werden und Tom fand es durchaus bemerkenswert, dass man – für eine Summe von immerhin 1,7 Milliarden Euro – oft so erschreckend simples Zeug produzieren konnte.

Vor einigen Jahren hatte der inzwischen verstorbene und honorige Literaturkritiker Marcel Reich-Ranicki, anlässlich des Deutschen Fernsehpreises 2008, die Qualität der meisten Formate scharfzüngig und publikumswirksam (während der Gala zur Verleihung der Preise und vor laufenden Kameras der ZDF-Aufzeichnung) kritisiert und damit, in den Augen mancher Beteiligter, einen Eklat ausgelöst, Reich-Ranicki hatte nämlich nicht nur die Annahme seiner Auszeichnung verweigert, sondern mit einem umfassenden Rundumschlag die Veranstaltung in ihrer Qualität kritisiert[xxxv] und scharfzüngige Kommentare kundgetan.

Einigen der Anwesenden hatte er mit dieser Aktion zwar den Abend verdorben, aber der Kritiker hatte sehr vereinzelten Beifall aus dem verblüfften Publikum auf seiner Seite.

Die meisten der bekannten TV-Gesichter waren jedoch anscheinend nicht besonders kritikfähig, wenn es um die eigene und von einer Art der „kreativen Inzucht" unterwanderte Clique ging, dann traten wenige Filmschaffende ins Licht der ARRI-Scheinwerfer, verbargen ihr Antlitz vor der Linse einer Panavision und verstummten vor den Mikrofonen.

Tom erinnerte sich. Er hatte die Sendung im ZDF gesehen und musste dem deutschen Meisterkritiker zustimmen, wenn auch nicht allumfassend, denn es gab im deutschsprachigen Fernsehen, in der Sparte der Unterhaltungsformate, durchaus gut gemachte Filme und andere Sendungen, aber sie waren, inzwischen auf den öffentlich-rechtlichen Kanälen, in der Minderheit. Der Einstein der Literatur (Reich-Ranicki) hatte sich kritisch und direkt, aber dennoch höflich gegen das volksverblödende Tititainment ausgesprochen. Das hatte einer publikumswirksamen Klarstellung bedurft! Bravo! 1984 war der erste deutsche Privatsender (SAT 1) gegründet worden[xxxvi] und wurde (ähnlich wie RTL und Pro 7) zum Anbieter von Low-Cost- Entertainment. Sein Auftrag? Der damals neue Sender sollte die unteren (und eher bildungsfernen) Schichten der Gesellschaft[xxxvii] unterhalten[xxxviii].

Das war okay gewesen, aber die angesprochenen Sender bekamen jetzt (nach zwanzig Jahren und in zunehmendem Maße) Konkurrenz durch die öffentlich-rechtlichen Anstalten auf dem Fernsehmarkt[xxxix] und das war durchaus zu kritisieren, denn der Auftrag der öffentlich-rechtlichen Fernsehsender bestand eben in der qualitativ guten und unabhängigen Informationsvermittlung bzw. Versorgung der Öffentlichkeit und nicht in der Verblödung der Massen. Der Moderator der Gala,[xl] Thomas Gottschalk, diskutierte einige Tage nach dem „Eklat" die Frage des Qualitätsverfalls mit eben jenem Marcel Reich-Ranicki (ebenfalls im ZDF) und verteidigte seinerseits dennoch das zunehmende Tititainment seitens der Sender:Man müsse sich dem Markt und der Konkurrenz anpassen, es ginge um Unterhaltung und Quoten[xli] und um das, was der Zuschauer sehen wolle[xlii], so die (zusammengefasste) Position des Moderators.

Tom schüttelte, immer noch die Zeitung lesend, den Kopf.

Diese Argumentation mit dem angeblichen Zuschauer-Willen kannte Tom zur Genüge und bot eben jener immer wieder contra, denn der Zuschauer *konnte* ja immer nur das sehen, was von den Sendern angeboten wurde!
Genau deswegen wackelte das Argument mit dem Zuschauer und seinem angeblichen Willen, denn, wenn man (größtenteils) nur Schmalspurentertainment und wenig geistreiches Material anbot, dann konnte nur solches Zeug konsumiert werden. Alles war eine Frage der gewünschten Zielsetzung. Selbst die öffentlich-rechtlichen Rundfunkanstalten beherrschten mittlerweile sämtliche Spielarten des Infotainments.

Einer der bekanntesten deutschen Politikwissenschaftler beobachtete diese Entwicklung schon seit Jahren. Ulrich von Alemann merkte hierzu kritisch an, es gehe heutzutage zunehmend nicht mehr nur um die reine Nachricht, sondern Meinungsmache, Nachricht und Unterhaltung würden mehr und mehr miteinander verschmolzen[xliii]. So analysierte also ein weiterer kritischer Kopf die Entwicklungen, die sich in den letzten Jahren vollzogen hatten und bestimmt noch nicht an ihr Ende gelangt waren. Man konnte in zunehmendem Maße also den Eindruck gewinnen, dass sich zumindest die Zielsetzung der (öffentlich-rechtlichen) Fernsehsender in den letzten Jahren geändert, verändert hatte. War das wirklich sinnvoll? Es war auf jeden Fall nicht mehr zu ändern. Dessen war sich Tom, auch noch nach mehrstündigen Streitgesprächen unter Freunden, bewusst. Seine Gedanken kehrten wieder einmal zum Thema von „Angebot und Nachfrage" (nicht nur) im TV-Programm zurück. Genau dieser Konsum hatte sich (im Verlauf der letzten Jahre) in seiner Intensität verändert. Der Medien- und Literaturwissenschaftler Alexander Kissler wies 2009 in einem seiner Beiträge zu dieser Debatte auf einige interessante, und wie Tom fand, äußerst bemerkenswerte Entwicklungen hin, denn der Kulturjournalist Kissler erinnerte daran, dass der Durchschnitts-Deutsche bereits im Jahr 2008 rund 208 Minuten vor dem Fernseher verbrachte. Wohlgemerkt nicht insgesamt, sondern täglich.[xliv] Dieser Wert kletterte im Jahr 2013 auf insgesamt 221 Minuten Lebenszeit, die die deutsche Bevölkerung durchschnittlich täglich vor dem Fernseher zubrachte[xlv]

Bereits Kinder und Jugendliche verbrachten (ebenfalls vor dem Hintergrund des Durchschnitts) circa 88 Minuten vor der (teilweise) eigenen Mattscheibe. In der Altersgruppe der Zehn-bis Dreizehnjährigen erhöhte sich die Anzahl der täglichen Fernsehkonsum-Minuten auf einen Wert von 113[xlvi]. Im Jahr 2013 verbrachten die

Angehörigen der Altersgruppe 14-49 Jahre im Schnitt 182 Minuten vor einem entsprechenden Empfangsgerät und diejenigen Bundesbürger, die sich bereits jenseits der 50 Jahre + X bewegten, die steigerten diese tägliche Fernsehdauer noch um einige Punkte und landeten bei gut 291 Minuten.[xlvii]

Tom rechnete sich das in seinem aktuellen Gedankengang mal zusammen. Er kam auf einen Wert von gut 250 Tagen.
250 Tage bis zum Alter von 13 Jahren verbrachte ein Heranwachsender also durchschnittlich und ausschließlich mit den Angeboten, die ihm das Fernsehprogramm offerierte. Das konnte Biografien und Lebensentwürfe massiv bestimmen, Teile der Sozialisation eines Menschen beeinflussen oder sogar Sozialisationsproblematiken hervorrufen. Der Bereich der sogenannten „Mediensozialisation" war inzwischen ein richtig spannendes Forschungsfeld geworden und stand im Studien- und Lehrplan bekannter Film-Hochschulen.[xlviii] Medien konnten manipulieren und diejenigen Akteure in der Gesellschaft, die sich dieses enormen Potentials bewusst waren, schienen im Verlauf der letzten Jahre, weniger geworden zu sein und dies schob sich bis in die Gegenwart hinein.

Das *Prekariatsfernsehen* mit seinen Fiktionen, wie bspw. dem jahrelang von RTL ausgestrahlten Coaching-Highlight[xlix] der RTL-Super-Nanny, und anderen Grausamkeiten in Form der dort üblichen Formate barg, davon war Tom überzeugt, ein enormes Gefahrenpotential für die gegenwärtige und vielleicht für die zukünftige Gesellschaft respektive das gesellschaftliche Miteinander, denn zu viel konsumierter Schwachsinn konnte die bildungsferneren (unaufgeklärten) Menschen in ihrem Denken und Handeln kontraproduktiv beeinflussen, sie zu eindimensionalen Wesen formen, die dann nicht mehr hinterfragten, sondern die Realitätsfiktionen als „*Normalität*" akzeptierten. Für die Mitglieder einer Gesellschaft, die jedoch des eigenständigen, aufgeklärten und gebildeten Denkens und Differenzierens mächtig waren, blieb das Fernsehen in seiner puren Oberflächlichkeit erkenn- und durchschaubar. Tom grübelte kurz. Er hatte Recht, die Medien suggerierten eine alltägliche Normalität, die es so real nicht gab. Das Leben war vielschichtiger. Die Lautsprecherdurchsage des Zugbegleiters holte ihn aus seiner Gedankenwelt. Man sei jetzt gleich an der nächsten Station und wolle sich von den dort aussteigenden Fahrgästen verabschieden. Toms Sitznachbarin packte ihre Unterlagen zusammen und ging mit ihrem Gepäck zur Tür.

Auch Tom musste den Zug jetzt verlassen. Er wollte (nach kurzem Aufenthalt im Bahnhof) mit dem Gegenzug wieder nach Berlin fahren und sich dort in einem Hotel einquartieren, um in dieser Nacht und vor der Fortsetzung seiner Beobachter-Reise noch etwas zu schlafen.

Momentaufnahme 5: Flasche mit „V"

Nun war er in Berlin. Er hatte es geschafft und den Gegenzug pünktlich erwischt. Jetzt stand Tom in einem dieser üblichen Hotelzimmer der großen Ketten und blickte aus dem Fenster in die Nacht Berlins hinaus, aber Nacht war es nicht wirklich, in keiner der Metropolen dieser Welt gab es heutzutage noch eine richtige Nacht. Überall brannten Straßenbeleuchtungen und große Leuchtreklamen (zum Zweck der Konsumanheizung) um die Wette. Auch nachts.

Geworben wurde ständig überall und ohne Pause.

Mit Leuchtreklamen, Plakaten, Werbespots im Kino, TV, Radio und natürlich auch zunehmender Weise im Internet bzw. auf mobilen Endgeräten. Werbung war wichtig. Ein riesen Markt. Nicht nur für das Obama-Projekt der *„yes, we can - Kampagne"* zur US-amerikanischen Präsidentschaftswahl 2008, sondern und in allererster Linie für die ganz profanen Dinge des täglichen Bedarfs bzw. vielmehr für das, was die Strategen irgendwelcher großer Werbeagenturen dem Konsumenten als unbedingt notwendig für einen perfekten Alltag präsentierten und zu verkaufen suchten.

Meistens mit Erfolg und das nicht nur in der seit Jahren auf Pump lebenden Volkswirtschaft der Vereinigten Staaten von Amerika, sondern natürlich auch in Europa, denn ebenfalls diesseits des Atlantiks, also in dem Teil der Welt, der, laut der durch ein ehemaliges Mitglied[1] der US-Administration Bush jun. geprägten Definition, zum „alten" Europa gehörte; gab es rund 450 Millionen potentielle Konsumenten und zwar vom Baby bis zum Greis. Für alle diese Individuen gab es in der Werbeindustrie ganz spezielle Kriterien und Strategien. Alles ganz zielgruppenspezifisch optimiert. Sollte also z.B. ein Kreis vornehmlich jüngerer Konsumenten zum Kauf stimuliert werden, dann entwarf irgendeiner dieser PR- Freaks den ultimativen Slogan für die passende Kampagne und die werbenden Konzerne schalteten dann diese jeweils extra generieten Kampagnen in eben den Werbeblöcken der (privaten) TV-Sender, die zwischen den jeweils zur gewünschten Zielgruppe gehörenden TV-Formaten ausgestrahlt wurden.

Folglich liefen solche Spots mit Slogans wie „*Have it your way*".[li] und „*Der Löwe unter den Riegeln*"[lii] eher zwischen Formaten, die für die jüngere Generation bestimmt waren und Werbebotschaftern á la „*Weil ich es mir wert bin*".[liii] waren dann für die Werbepausen kreiert worden, in denen die 40-jährige Powerfrau mit vor dem heimischen Fernsehempfangsgerät saß. Tom kippte das Fenster, ging rückwärts zu dem typischen Hoteldoppelbett, warf sich in die Kissen und starrte an die Zimmerdecke. Er dachte weiter über das Thema *Werbung* und *Werbestrategie* nach.

Er gehörte nicht zu der Gruppe von Menschen, die aufgrund ihrer politischen und/oder gesellschaftlichen Überzeugung *Werbung* pauschal als diabolisches Werkzeug einer kapitalisierten, globalisierten und konsumorientierten Welt brandmarkten, aber Tom hatte sich schon immer für Werbung ausgesprochen, die nicht etwa in grammatikalisch schlechtesten oder mutwillig fehlerhaften Werbebotschaften ihre Produkte anpries. Ein gutes Beispiel der jüngeren Zeit, war da sicherlich ein Produzent von alkoholischen Getränken, der auf seinen Plakaten zeitweise das Wort *Flasche* mit „*V*" schrieb nur, weil der Name, der in dieser Kampagne beworbenen Getränkemarke, mit eben jenem „*V*" geschrieben wurde[liv].

So ein Vorgehen sah Tom kritisch, denn es gab gerade heutzutage und innerhalb der Gesellschaft der Bundesrepublik Deutschland Menschen, die der deutschen Sprache nicht wirklich fehlerfrei mächtig waren und dies bezog sich eben nicht nur auf die Gruppe der Mitmenschen, die den inzwischen zur Gesellschaft gehörenden Migrationshintergrund in ihrer Biografie stehen hatte. Erst kürzlich hatte sich Tom mit einem befreundeten Lehrer unterhalten. Dieser hatte ihm von einem Schüler berichtet, der in einer Klassenarbeit das Wort *„lecker"* nicht mit „ck", sondern mit einem doppelten „k" geschrieben und sich in der Fehlerbesprechung zur Klausur über den angestrichenen Rechtschreibfehler beschwert hatte, denn schließlich habe er das Wort in einer Werbeanzeige eines Stromanbieters gelesen und in eben jener Anzeige sei *„lecker"* eben mit zweifachem „k" geschrieben worden.

Auch diese Story stand für Tom natürlich nur exemplarisch für eine Entwicklung, die ihre Streuung ebenfalls in anderen Teilen der Republik fand, aber dieses Beispiel verdeutlichte einen Prozess, den Tom – und nicht nur er – kritisierte. An diesem Fall ließ sich abbilden, dass falsche Rechtschreibung als Werbegag nicht *witzig*, sondern eher blödsinnig war.

Nicht alle Mitmenschen in dieser Gesellschaft waren zum Beispiel der englischen Sprache mächtig und was brachten da also diese zunehmenden Anglizismen in der deutschen Sprache? Gut, in manchen Berufsfeldern war Englisch heutzutage notwendiger Standard und auch Tom nutzte solche Anglizismen im Alltag, aber er bestellte seinen Tee noch immer zum Mitnehmen und eben nicht „to *go*". Außerdem hieß es im Englischen sowieso *„for take away"*, wenn man sich Essen zum Mitnehmen bestellen wollte. Tom hielt ansonsten nichts von der Einladung einer führenden Parfümerie-Kette. Diese hatte ihr *„come in and find out"* inzwischen durch einen deutschsprachigen Werbespruch ersetzt. Viele der Mitmenschen kamen mit diesem Denglisch nicht klar und manche Leute nutzten diese englischen Brocken und

Begriffe, um „*dabei*" und eben nicht „*out*" zu sein, nicht als altmodisch verlacht zu werden. Etliche Leute nutzten täglich englische Vokabeln (auch Jugendliche, das zog sich durch fast alle Altersgruppen) und kannten deren tatsächliche Bedeutung nicht wirklich. Solche Szenen beobachtete Tom regelmäßig, wenn er mit öffentlichen Verkehrsmitteln unterwegs war.[lv] Seine Gedanken kamen noch einmal zum Thema „*Werbung*".

Tom wusste, dass Werbung Aufmerksamkeit erregen und so dem möglichen Kunden als Wiedererkennungswert im Gedächtnis bleiben sollte, damit sich eben jener Kunde, wenn er während des Einkaufs mit der jeweiligen Marke konfrontiert wurde, wieder an das schon mal zuvor irgendwo gesehene Werbeplakat erinnern konnte, aber nicht alle Menschen waren mit den gleichen Fähigkeiten ausgestattet. Tom grübelte noch etwas über die Qualität von Werbebotschaften, ging dann ins Bad und zehn Minuten später ins Bett, denn den größten Teil seiner Expedition durch die Gesellschaft hatte er noch vor sich.

Momentaufnahme 6: Vize-Egos – oder wie nutzt man Medien heute?

Na, haben Sie heute schon Ihre elektronischen Nachrichten abgerufen, das Smartphone in den Flugmodus geschaltet, die Linse Ihrer Webcam gereinigt und WhatsApp aktualisiert?
Hat Ihre Tochter schon mit neuen Members auf einer dieser trendigen Plattformen gechattet? Oder haben Sie dieses Buch hier als Download erworben?

Wie lautet Ihre IP-Adresse? Keinen Schimmer? Aber Bankgeschäfte erledigen Sie doch wenigstens online? Oder müssen Sie erst eine neue TAN-Liste anfordern? Eventuell erhalten auch Sie inzwischen die jeweils notwendige Transaktionsnummer via Nachricht auf ein Smartphone? Gehen Sie mal zum Briefkasten.
Stopp, nicht mit dem Mauszeiger respektive Zeigefinger, sondern auf zwei Beinen, real. Bringt Ihre Partnerin heute Abend das Essen mit? Oder kochen Sie selbst? Man könnte auch einfach die Suchseite mit „G" bemühen und den nächsten Lieferdienst ermitteln.
Kennen Sie Ihren Buchhändler? Nicht den mit A, B oder L und seiner Internetseite, sondern den an der nächsten Straßenecke?

Hören Sie die Musik noch über den CD-Player? Via Schallplatte (dies wäre mittlerweile ja schon fast wieder hip)? Wo wir gerade bei Trends sind: Der klassische Filterkaffee ist ebenfalls wieder hip. Nun aber nochmals zur musischen Seite in Ihnen. Praktizieren sie Hausmusik, mischen Sie selbst Klänge zusammen oder dudelt ihr Rechner MP-3´s und MP-4´s im routinierten Wechsel? Sie könnten sich auch die Angebote eines Streaming-Dienstes einkaufen oder irgendeinem der zahlreichen YouTube-Kanäle Gehör schenken und so die Wände vibrieren lassen.

Wo haben Sie denn Ihren Partner kennengelernt?

Der Möglichkeiten gibt es heute schließlich viele. Auch online. Was haben Sie damals gemacht? Ohne die endlosen (virtuellen) Weiten des Internet?

Prüfen Sie es! Der zukünftige Personalchef Ihrer Tochter wird es auf jeden Fall checken, denn das Internet vergisst nichts. Auch nicht Ihre IP-Adresse. Also gehen Sie besser rüber und klopfen mal eben an der Zimmertür Ihres WG-Mitbewohners oder Nachwuchses. Sonst klopft es vielleicht irgendwann bei Ihnen. Waren Sie letzten Freitag selbst auf der Piste? Hatten Sie den bekannten Filmriss? Dann hoffen Sie mal, dass der Film auch *wirklich* gerissen ist und nicht gleich bei YouTube, MyVideo oder im Facebook auftaucht. Schauen Sie jetzt doch mal bitte kurz auf die Uhr.

Wie viele Minuten essen, arbeiten, schlafen, lesen Sie täglich? Welche Zeit widmen Sie Ihrer Partnerin oder Ihrem Partner real? Ihrer Familie? Der Durchschnitt der Deutschen, die sich täglich in der (virtuellen) Welt des Internet bewegen, hält sich circa 2 Stunden dort auf. Täglich! Lediglich 6 % der Bundesbürger nutzten das Internet und dessen Möglichkeiten 2013 seltener als einmal pro Woche, demgegenüber standen im selben Jahr aber insgesamt 80 %, die das Internet nahezu jeden Tag in ihre Aktivitäten einbezogen. Differenziert man in diesem Kontext nach der jeweiligen sozialen Stellung, so lässt sich unter den Nutzern, die das Internet täglich ansteuern, die Gruppe der Schüler und Studenten mit rund 95 % als Spitzenreiter einstufen, aber auch die Generation der Großeltern verbringt zunehmend fast jeden Tag Zeit im Internet. 65 Prozent der Ruheständler surfen täglich durch die virtuellen Weiten.[lvi]

Einige Leute produzieren sich regelrecht ihre eigenen Vize-Egos in der zweiten Welt. Der virtuellen Ausgabe. Haben auch Sie ein Vize-Ego? Barack Obama gilt schon seit seinem ersten Wahlkampf als BlackBerry-Junkie. Sollten Sie also so ein Ding haben, dann befinden Sie sich immerhin in prominenter Gesellschaft. Oder doch Community? Seit einigen Jahren steht „googeln" als fester Begriff sogar im Duden[lvii]. Was war also vor dem Internet?

Können Sie sich noch an die Zeiten ohne *Download, Webseite, Facebook-Status* und *Spam* erinnern? Die Welt lief auch *ohne* ständig online zu sein. Wie haben Sie denn damals die Zeit genutzt, die Sie heute, in webbasierten Zeiten, im Internet verbringen? Wobei hier natürlich anzumerken bleibt, dass diese Frage eventuell nicht von allen Lesern dieser Überlegungen beantwortet werden kann, da es ja bekanntermaßen inzwischen eine Generation gibt, die ins Internetzeitalter hineingeboren wurde und das Ohne nicht mehr kennen kann. Nein, verstehen Sie dies bitte nicht falsch, das Internet ist nicht generell zu verteufeln. E-Mails, Bankgeschäfte via Notebook und andere Dinge sind schon eine sinnvolle Neuerung.

Dies gilt ebenfalls für webbasierte Recherchen im beruflichen Alltag. Vorausgesetzt, man kann damit umgehen und speichert in seinem realen Gehirn, dass über 90 % dieses weltweiten virtuellen Inhalts Datenmüll darstellen. Es würde auch ohne diese drei Buchstaben[lviii] funktionieren.

Haben Sie sich schon einmal die „*www-Frage*" gestellt? Nein? *Was wäre, wenn...*

...es das Internet nicht geben würde? Haben Sie es bemerkt? Bis *hier* haben Sie in dieser Momentaufnahme circa 3531 Zeichen über das Phänomen des Internet gelesen. Wie viele Kurzmitteilungen könnten Sie auf einem webfähigen Mobiltelefon schreiben, wenn Sie in einer Nachricht 3531 Satzzeichen zur Verfügung hätten? Na, aufgepasst!?

Mittlerweile hat sich das Internet in fast jeden Alltag fest integriert und wird vielerorts als selbstverständlich vorausgesetzt. „Haben Sie denn keine E-Mail-Adresse?", fragte mich neulich die Kundenberaterin. „Wie sollen wir Ihnen Ihre Buchung denn sonst bestätigen?"

„Wie wäre es mit Kontaktaufnahme via Telefon", entgegnete ich zum damaligen Zeitpunkt. Wenn's gar nicht anders geht, dann auch gern' mit Voice over IP, aber so „modern" waren die Damen in der Konzertkasse dann anscheinend doch nicht ausgestattet.

Natürlich hatte ich eine E-Mail-Adresse, denn der Initiation in die Gemeinde der Internet-Nutzer – habe ich mich nicht entziehen können. Ist Ihnen noch etwas aufgefallen?

Das Internet hat sich verhältnismäßig schnell in viele tägliche Abläufe eingefügt. Oder denken Sie noch groß darüber nach, was und wie oft Sie Dinge über das Internet erledigen?

Tun Sie es! Spart das Internet wirklich Zeit? Das lässt sich ganz klar nicht pauschal beantworten, ist trotzdem respektive genau deswegen eine interessante Frage, aber dies nur eben als kurzer Zwischenruf.

Soziologisch betrachtet entwickelte sich aus Gemeinschaft Gesellschaft[lix]und was entwickelt sich aus der Gesellschaft? *Web- Communitys, Newsgroup-Nutzer, Blogger? Facebook-Wesen* und *App-Junkies?* Oder noch präziser: Wie entwickelt sich eine Gesellschaft durch das Internet (weiter)?

Jeder große Verlag, jede Universität, jeder Fernsehsender und fast alle Unternehmen haben heutzutage eine Präsenz im Internet und die passende App hielt die jeweilige Institution respektive der entsprechende Dienstanbieter sowieso zum Herunterladen bereit.

Manche Firmen tauchen durch solche virtuellen Plattformen, wie (das inzwischen fast vergessene) Onlinespiel Second Life noch weiter in die virtuellen Dimensionen ab, um dort richtiges Geld zu verdienen und schon sind wir wieder bei den Vize-Egos. Udo Lindenberg und Jan Delay besingen in ihrem gemeinsamen Projekt „*Ganz anders*" [lx] Vize-Egos, denn eigentlich sei man ganz anders und schicke lieber seine Vize-Egos und das wahre Ich, das lasse er lieber im Schrank. Diese Passage in diesem Pop-Song beschreibt ein Teil des Phänomens namens Internet treffend, denn in solchen Communitys und virtuellen Welten a la Second Life, studiVZ, Facebook und anderen Online-Netzwerken, wimmelt es von Vize-Egos. Eine Second Life-Identität gibt bzw. gab es 2009 übrigens schon für rund $72.00 pro Jahr.[lxi] Im Jahr 2013 haben die virtuellen Welten der Second Life- Macher rund 338.000 Leute dazu bewogen, die Fiktionen einer bunten Idealwelt namens Second Life bei Facebook mit dem bzw. durch den „Gefällt mir- Button" zu adeln.[lxii]

Weiß Ihre Tochter, ob das Foto, welches ihr aktueller Chat-Partner auf seinem hippen „Profil" präsentiert, wirklich ihn zeigt? Mit Beginn des Zwischennetzes entwickelte sich sozusagen eine Soziologie des Internet, des Cyberspace[lxiii] und diese Entwicklung ist noch nicht zu Ende.

Natürlich nicht. Ganze soziale Gefüge verändern sich. Ihr Großvater kommunizierte damals noch via Telex, sein Urenkel zwitschert per Twitter und dessen Schwester flirtet per WhatsApp oder Facebook und vernetzt sich via XING und Google+. Der Mikrobloggerdienst Twitter gehört mit zu den neuesten Kommunikationsplattformen im globalen Internet und seine Relevanz nimmt im Zusammenhang mit der Gestaltung und Kommunikation von Politik in die weitere Öffentlichkeit seit Jahren zu. Heutzutage twittern bekanntlich nicht nur Anhänger der Piratenpartei-Bewegung.

Sind solche sozialen Netzwerke mittlerweile systemrelevant?
Es scheint fast so, denn fast alle sozialen Netzwerke verzeichneten schon 2008 einen enormen virtuellen, aber dennoch bzw. zugleich tatsächlichen Zulauf. Allein in der Community der damaligen Plattform studiVZ waren 2008 bereits über 13,1 Millionen Mitglieder registriert und die Freundschaftsverwalter aus dem Hause Facebook verzeichneten im gleichen Jahr weltweit bereits gar 175 Millionen Mitglieder in ihren Reihen. Heute ist diese Größenordnung längst meilenweit überschritten.
Im Jahr 2014 blätterten monatlich gut 1,35 Milliarden Menschen durch Facebook und das Unternehmen führ

enorme Gewinne ein. Allein das 3. Quartal brachte Facebook 2014 die enorme Summe von 633 Millionen Euro in die Kasse.[lxiv]

Der Medienpädagogische Forschungsverbund Südwest veröffentlichte für das Jahr 2013 seine bekannte JIM-Studie[lxv]. JIM steht für Jugend, Information, (Multi-) Media und die Erhebung beleuchtet den Medienumgang bzw. die Mediennutzung von und durch Jugendliche in der Altersgruppe von 12 bis 19 Jahren. Für 2013 ermittelten die Forscher in einer Stichprobe unter 1.200 befragten Jugendlichen bspw., dass nahezu jede der interviewten Zielpersonen in einem Haushalt lebt, der eine beachtliche Ausstattung an technischen Geräten zur Mediennutzung und Freizeit- bzw. Alltagsgestaltung zur Verfügung hat.

97 Prozent aller Befragten hatten Zugang zu einem Internetanschluss (vgl. JIM-Studie 2013). 2014 ermittelten die Autoren der JIM-Studie, dass gut 94 Prozent der Befragten mehrmals pro Woche die Möglichkeiten des Zwischennetzes nutzen und 93 Prozent der interviewten Jugendlichen gaben zu Protokoll, ihr sogenanntes Handy respektive Smartphone ebenfalls mehrmals wöchentlich aktiv zu verwenden. Die JIM-Studie 2014 notiert sogar, dass das entsprechende Handy für die Mehrheit der Studienteilnehmer (87 %) „ständiger Begleiter" sei.[lxvi] Das tägliche Lesen von Büchern hingegen betrieben 2014 nur 22 Prozent der insgesamt 1.200 befragten Jugendlichen als eine ihrer täglichen Freizeitbeschäftigungen.
Die Hitliste der täglichen Freizeitaktivitäten wurde 2014 von Internet, Handy und Fernsehen angeführt.[lxvii] Allgemein gesprochen ist systemrelevant, was zum

Fortbestand bzw. zur Sicherung eines Systems notwendig ist. Also, was steckt nun zwischen bzw. hinter Twitter, dem inzwischen irrelevanten studiVZ und dem Marktführer Facebook? Ich meine nicht die profitierenden Erfinder und Unternehmen hinter den diversen Online-Plattformen, sondern ich denke hier an Identitäten, geschönte und reale.

Der Link führt uns aber noch weiter, er führt über die diversen Identitäten zur Individualität eines jeden einzelnen der angesprochenen Nutzer.

Diese beiden Begriffe sind zentral. Auch und gerade zu Zeiten des Cyberspace und Internet.

Was bedeutet heutzutage noch Identität?

Wie verhält es sich mit der Individualität und der dazugehörenden Freiheit eines Jeden?

Wagen wir also einen möglichen Antwortversuch und strukturieren diesen zunächst in zwei Abschnitte:

(1) Die Welt befindet sich im Prozess der Globalisierung. Der Begriff „Globalisierung" ist in diesem Zusammenhang nicht als ideologisch, dogmatisch eingefärbter Kampfbegriff der pauschalisierenden Antikapitalisten zu verstehen, sondern durchaus mehrdimensional, denn die (inzwischen ja etwas in die Jahre gekommene) Globalisierung hat unterschiedlichste Erscheinungsformen — ökonomische, ökologische und technische

58

Merkmalsausprägungen und zunehmend politische, gar kulturelle Facetten.

In welche der genannten Unterkapitel von Globalisierung passt jetzt aber das Internet mit seinen generierten Vize-Egos? Zumindest in ganze vier der erwähnten Bereiche. Wie lassen sich nun aber diese Dimensionen der Globalisierung auf das Phänomen *Internet* anwenden?

Nun, alle genannten Formen der Dimensionsausprägung lassen sich, in unterschiedlich starker Gewichtung, auf die webbasierte Welt übertragen bzw. anwenden, denn das Internet hat unverkennbar eine ganz klar gezeichnete *ökonomische* Komponente.

Denken Sie beispielsweise an Onlineversandhändler namens Amazon.com, Libri.de, bol.de und sogar der online-Marktplatz eBay sind ein gutes Beispiel für die ökonomische Form der Globalisierung im betrachteten Phänomen des Internet (vgl. E-Commerce). Ebenso bilden globale netzgestützte Wertpapier -und Hot Money-Transaktionen einen wichtigen Part bei der Betrachtung der ökonomischen Komponente des weltweiten Internet.

Ökologisch spielt der Elektronik - und Elektroschrott, der indirekt durch die Nutzung des Cyberspace und Internet entsteht, eine zunehmend wichtigere Rolle[lxviii].

Die *technische* Form der Ausprägung findet sich bspw. in den immer neuen technischen Möglichkeiten (und z.T. Gefahren), die das Internet seinen Nutzern eröffnet.[lxix]

Insbesondere die technische Dimension ist für eine Analyse der webbasierten Möglichkeiten sehr interessant, denn es gibt zwei unterschiedliche Tiefengrade im Internet.

1. Das normale und bekannte Alltags-Internet mit *Google, Amazon, Facebook, E-Mails* etc. und

2. Das sogenannte Deep Web bzw. "Invisible Web".

Die erste dieser beiden Varianten ist, um beim Bild der Tiefengrade zu bleiben, etwa mit dem Schwimmerbereich der Amateure zu vergleichen und umfasst Schätzungen zufolge circa 30 Milliarden Webseiten. Google als Primus kann für sich beanspruchen, dass in seinen Datenspeichern etwa die Hälfte der Internetseiten des normalzugänglichen Internet erfasst ist.

Für die zweite Variante muss man ein absoluter Profischwimmer sein, denn normale Suchmaschinen (also auch Google) kapitulieren i. d. R. vor den Untiefen der Profischwimmer.

Normale Suchmaschinen können nur die Seiten anzeigen, die zuvor durch die Suchmaschine selbst indexiert wurden. [lxx]

Die technische Dimension ist also im Zusammenhang mit dem Internet nicht zu unterschätzen.

Aber die zwei noch fehlenden Dimensionen, die wir uns von der Globalisierung „geborgt" haben, lassen sich auf das Internet mit samt seinen Vize-Egos, sozialen Netzwerken etc. anwenden. Nehmen wir als nächste die *politische* Dimension als Beispiel.

Im politischen Bereich nutzen politische, staatliche und nichtstaatliche Akteure (NGOs) gleichermaßen die Möglichkeiten des Internet. Denken Sie hier bspw. an den internetgestützten Wahlkampf Barack Obamas, Merkels regelmäßigen Podcast auf den Webseiten der Bundesregierung und Twitter-affine Bundestagsabgeordnete, aber auch an E-Government, denn auch die Ebenen der öffentlichen Verwaltung — oder kurz: die gute alte Bürokratie verlagerte(n) sich teilweise ins Internet bzw. bieten dort einen Teil ihrer Dienstleistungen für die Bürger an.
Auch wenn Angela Merkel das Internet noch 2013 als „Neuland" beschrieb,[lxxi] ist daran schon lange nichts mehr neu..

Bleibt nun noch die *kulturelle* Dimension des Internet, denn auch diese gibt es inzwischen. Musiker präsentieren sich und ihre neuen Alben als Download, Konzertkarten lassen sich heutzutage natürlichsogar via Mausklick ordern und nach der Studienreise oder dem Schüleraustausch nutzt man das Web, um mit den kennengelernten Kulturen interaktiv in Kontakt zu bleiben oder man blättert durch eins der neuen E-Books.

(2) Kommen wir im zweiten Abschnitt unseres Antwortversuchs von unserem Exkurs zu den Dimensionen der Globalisierung nun wieder zum Beginn der Ausgangsfrage zurück: *„Was bedeutet heutzutage noch Identität? Wie verhält es sich mit der Individualität und der dazugehörenden Freiheit eines Jeden?"*

Der Soziologe Heinz Abels stellte bereits im Jahr 2008 zur *Individualität* und *Identität*[lxxii] folgende Aspekte fest:

> [...] „Die Geschichte des Individuums in der Moderne ist auch die Geschichte der Freiheit *zur* Individualität. Mit ihr stellt sich unweigerlich auch die Frage nach der Identität. Was darunter zu verstehen ist, ist nicht leicht zu beantworten. Ich definiere sie so: *Identität ist das Bewusstsein, ein unverwechselbares Individuum mit einer eigenen Lebensgeschichte zu sein, in seinem Handeln eine gewisse Konsequenz zu zeigen und in der Auseinandersetzung mit anderen eine Balance zwischen individuellen Ansprüchen und sozialen Erwartungen gefunden zu haben.*
>
> Was ich mir unter einem möglichen Ziel vorstelle, das unter dem Etikett „Identität" erreicht werden soll, formuliere ich mit den Worten des großen Identitätstheoretikers Erik H. Erikson so: `Die Würde der eigenen Lebensform.` Wenn einem im Alltag die eigene Identität überhaupt zum Thema wird, dann fängt man meist mit der Frage `Wer bin ich?` an. Ich will diese Frage, an der die Menschheit seit Jahrtausenden herumknackst, soziologisch in vier Fragen aufteilen: `Wie bin ich geworden, was ich

bin? `, `Wer will ich sein? `, ´Was tue ich? ´ und `Wie sehen mich die Anderen? ´ Identität ist die Antwort auf diese Fragen." […] (Abels 2008, Hervorhebungen im Original)

Abels schaut sich die Identität also aus mehreren Perspektiven an. Insbesondere die zweite und vierte seiner gefundenen Unterfragen sind auch im Hinblick auf die sozialen virtuellen Netzwerke im Internet interessant und wichtig. *„Wer will ich sein?"* Warum ist diese Frage also insbesondere im Zusammenhang mit YouTube, Facebook, Myspace und anderen dieser trendigen Online-Communitys interessant?

Nun, die öffentliche virtuelle Welt des Internet vergisst zwar nichts und ist auch ein unendlich wachsender Speicher für private, personenbezogene Daten und jeder einzelne Klick hinterlässt seine Spuren im Internet, aber trotzdem oder gerade deswegen bleibt das Netz noch immer anonym genug, um zu manipulieren und zu tricksen.

Jeder Nutzer einer solchen Internetplattform kann dies tun und sich beispielsweise eine virtuelle Identität, eben eine Art Vize-Ego generieren.

Im vor einiger Zeit noch angesagten Online-Spiel von Second Life ist die Erschaffung eines neuen *„Ichs"* nach den eigenen Wünschen und mit nur einigen kurzen Mausklicks kein Problem. In der Realität dick und verlacht, aber in der virtuellen Welt der sexy, sportliche Frauenheld mit Waschbrettbauch oder in der virtuellen

Welt weiblich und im realen Leben Vertreter des männlichen Geschlechts.

Alles kein Problem und alles an der Frage *„ Wer will ich sein? "* ausgerichtet. Aber nicht nur in einem Online-Spiel ist dies möglich, sondern eben auch auf den sog. Profilen der Netz-Communitys, denn auch diese können auf der Basis von Wunschvorstellungen o. ä. erstellt werden. Identitäten können durch das Internet also beeinflusst werden und wie steht es mit der Individualität? Der Freiheit und der Privatsphäre?

Das Internet, der Cyberspace ist eine globale und prinzipiell für jeden Menschen einsehbare Öffentlichkeit, aber genau diese Tatsache scheint von unzähligen Menschen vergessen zu werden, wenn sie sich zum Teil „nackt unter Freunden"[lxxiii] im Internet präsentieren.

„Man muss sich halt nur überlegen, was ich einem Wildfremden auf der Straße erzählen würde und, was ich ihm nicht erzählen würde [...] sollte man halt auch nicht irgendwo hinschreiben im Internet", gibt der Datenschutzexperte Wulf Bolte zu bedenken.[lxxiv]
Dabei kann man sich das Internet auch einfach als weltweiten[lxxv] Marktplatz vorstellen und wenn Sie das tun, dann überlegen Sie mal, ob Sie sich damals (oder heute) auf dem Wochenmarkt genauso präsentieren würden, wie es einige arglose, kaum gehemmte Mitmenschen im Internet tun. Nur die wenigsten Menschen würden sich in München, Berlin, Hamburg oder Köln auf den Wochenmarkt und/oder in die Fußgängerzone stellen, um sich die Klamotten runter zu reißen. Ihre Kreditkartendaten würden Sie doch

bestimmt nicht im Treppenhaus an die Wand pinseln? Aber im Internet verhalten sich die meisten Menschen eben anders als in der schnöden Realität. Oder doch nicht?

Privatsphäre und Individualität verändern, minimieren sich *im* und *durch* das Internet jedenfalls radikal.[lxxvi]

Im Zusammenhang mit dem Schutz von individualer Identität und Privatsphäre ist das Angebot, welches vom Web 2.0 dessen Nutzern bereitgestellt wird, also sehr vielschichtig, aber nicht besonders sicher.

Dies gilt insbesondere für die sog. sozialen Netzwerke, die mit ihren Plattformen übrigens nur eine Variante von sozialer Software ausmachen bzw. darstellen, aber bevor wir zu einer nähren Definition solcher Software kommen, sei an dieser Stelle also darauf hingewiesen, dass die meisten der sozialen Online-Netzwerke (im Hinblick auf den Identitäts- und Privatsphärenschutz) deswegen nicht besonders sicher sind, weil bspw. insbesondere die Zugriffskontrollen lückenhaft und nicht gleichermaßen auf alle Funktionen einer sozialen Plattform ausgedehnt sind (vgl. Fraunhofer-Institut für Sichere Informationstechnologie SIT, 2008).

Die Wissenschaftler des Fraunhofer-Instituts für Sichere Informationstechnologie SIT kamen in ihrer Studie über die Sicherheit von sozialen Online-Plattformen 2008 zu dem Fazit, dass keiner der getesteten Dienste hinsichtlich des Privatsphärenschutzes wirklich umfassend überzeugen konnte. Laut der Studie schnitten die virtuellen Freundschaftsverwalter des Facebook-

Netzwerks noch am besten ab, wenn man alle Teilergebnisse der Testkriterien vergleicht.

Seit Beginn der internetbasierten Informationsgesellschaft – und durch die sich z.T. parallel entwickelnde mobile Kommunikation – haben sich aber nicht nur die Individualität und Privatsphäre verändert, sondern das gesamte Alltagsleben (vgl. Thiedeke, Soziologie des Cyberspace, 2004).

Insbesondere die sogenannte soziale Software ist mit federführend an dieser Veränderung beteiligt.

Dieses lässt sich sehr deutlich für das berufliche und/oder schulische/universitäre Umfeld und für die private Umgebung mit ihren zwischenmenschlichen Beziehungen, dem Familienleben und der Freizeitgestaltung erkennen.
Nun aber noch einmal zurück zu den Grundlagen aller sozialen Software und somit also auch zur Basis eines jeden internetbasierten sozialen Netzwerks.
Unter sozialer Software werden i.d.R. internetbasierte Softwareanwendungen verstanden, die Menschen bei ihren sozialen Interaktionen unterstützen.

Folgt man dem Soziologen Jan-Hinrik Schmidt, dann wird diese Unterstützung durch die drei folgenden Funktionen gewährleistet:

• **Informationsmanagement**, die Verwaltung und Recherche von Informationen.
• **Identitätsmanagement**, die Präsentation der eigenen Person als eine Art OnlineIdentität.

66

- **Beziehungsmanagement**, die Pflege und Neuknüpfung von Beziehungen zu anderen Personen (Schmidt, J. 2006, S.5).

Damals gab es allerdings natürlich noch keine soziale Software und man konnte nicht einfach mal kurz eine SMS bzw. Kurzmitteilung via Mobiltelefon absetzen, um seine Verspätung zu entschuldigen oder der besten Freundin zu signalisieren, dass man die nächtliche Autofahrt wohlbehalten überstanden hatte. Heutzutage ist so eine SMS fast flächendeckend eine normale Form der mobilen und schnellen Kommunikation und mittlerweile gibt es auch bspw. den Kurzmitteilungsdienst WhatsApp, der schon fast als Standard gelten kann. Bereits im Jahr 2003 wurden alleine in Deutschland 27 Milliarden SMS verschickt. Inzwischen werden sogar in internationalen Wettbewerben diejenigen Teenager ausgewählt, die am schnellsten eine SMS tippen bzw. texten können. 2010 gewann die damals 17 Jahre alte Südkoreanerin Ha Mok-min ein Preisgeld von 100 000 Dollar, weil ihre Finger am schnellsten tippen konnten und sie ihre Nachrichten so in Rekordzeit in ihr Gerät prügelte.[lxxvii] Nur in der Silvester-Nacht kann es da durchaus mal zu längeren Übertragungszeiten und infolge zu pejorativ konnotierten Rekorden kommen, weil pünktlich – auf die Sekunde des Jahreswechsels – unzählige Kurzmitteilungen und WhatsApp- Zeilen getippt und abgeschickt werden. Wobei in diesem Zusammenhang nicht vergessen werden darf, dass Mobiltelefone inzwischen wesentlich mehr sind als tragbare Telefone. Döring bemerkt zu diesem Phänomen passend, dass Mobiltelefone aufgrund dieser diversifizierten Anwendungsmöglichkeiten, vielen ihrer Nutzer

mittlerweile als unverzichtbar erscheinen (vgl. Döring, 2004).
Nehmen wir uns zwischenmenschliche, soziale Beziehungen als Beispiel, um kurz auf eine Auswahl der positiven Aspekte von mobiler Kommunikation eizugehen.

Döring stellt hierzu fest, dass sich das Mobiltelefon zwar manchmal als eine Art „Beziehungskiller" eignet, weil mit ihm Außenbeziehungen bzw. Affären gepflegt und schließlich entdeckt und aufgedeckt werden können, aber genauso gut kann es passieren, dass (Paar-)Beziehungen erst mit Hilfe des Mobiltelefons – als Medium der Beziehungsanbahnung – zustande kommen und dann von beiden Partnern mit Hilfe der Möglichkeiten der mobilen Kommunikation ausgebaut, intensiviert und personalisiert werden können. (vgl. Döring, 2004, S.257ff.)

Also gibt es auch hier ein Pro und ein Contra.
Die Welt scheint durch die Nutzung von Computer, Internet und Mobilkommunikation schneller zu werden und die Möglichkeiten der Kommunikation verbreiten sich zügig. Ständig auf Empfang bzw. Abrufbereitschaft und wenn der Akku leer sein sollte, dann bricht für einige Menschen inzwischen fast die Welt zusammen.

Neben Computern sind also auch Mobiltelefone aus unserem heutigen Alltag (fast) nicht mehr wegzudenken und diese Entwicklung nimmt seit Mitte der 1990iger Jahre kontinuierlich zu.

Dies lässt sich sehr gut daran ablesen, dass es im Jahr 1998 in der Mehrheit aller privaten Haushalte (97%)

einen Festnetzanschluss gab, aber nur in 11 % der Haushalte auch ein Mobiltelefon vorhanden war.[lxxviii]

Dieses Verhältnis zwischen Festnetztelefonie und Mobilfunkkommunikation hat sich in noch nicht einmal 10 Jahren gravierend verändert, denn bereits 2003 verfügte man in 73 % der deutschen Privathaushalte über mindestens 1 Mobiltelefon und für das Jahr 2013 ermittelten die Statistiker einen Anteil von gut 92,7 %.[lxxix]

Festzustellen ist also zunächst, dass soziale Beziehungen und die dazugehörenden Möglichkeiten der sozialen Kommunikation u.a. durch die spezifischen Merkmale der Mobilfunktechnologie sehr stark beeinflusst und teilweise gewandelt werden (vgl.Döring, 2004).

Diese beeinflussende Wandlung sozialer Beziehungen durch die zunehmende Verbreitung von Mobilkommunikation lässt sich sehr klar am Beispiel von Kindern und Jugendlichen aufzeigen, denn sogar diese nutzen in ihrem Alltag und für die Kommunikation mit Freunden oder die Gestaltung ihrer Freizeit die Mobilfunktechnologie in einem zunehmenden Maße, aber natürlich nicht ausschließlich (vgl.Kutteroff & Behrens, 2009).

Es scheint heutzutage also schon zum weitverbreiteten Standard werden zu wollen, dass bereits Kinder und Jugendliche, spätestens mit dem Eintritt in die 5. Klasse, über ein eigenes Mobiltelefon verfügen. Folgt man einer Erhebung des Medienpädagogischen Forschungsverbunds Südwest, dann zieht sich diese verhältnismäßig schnell gestiegene Ausstattung (von Kindern) mit den sogenannten *Handys* und Smartphones inzwischen schon durch alle sozialen Milieus. Kurz gesprochen heißt das also, dass das Einkommen der Eltern, in diesem Zusammenhang, keine (große) Rolle mehr spielt. Darüber hinaus verdeutlichen die Ergebnisse der KIM-Studie 2014, dass Kinder meistens erst mit dem Erreichen der Pubertät bzw. dem Hineinwachsen in die Teenager-Jahre ein eigenes Smartphone bekommen.

Im Jahr 2014 besaßen gut 55 Prozent aller befragten Kinder (der Altersgruppe 12-13 Jahre) ihr eigenes Smartphone. In der Altersgruppe der 6 bis 7-jährigen Kinder hatten im selben Zeitraum überhaupt nur 10 Prozent der befragten Kinder ein eigenes (klassisches) Mobiltelefon und lediglich ganze 2 Prozent hatten ein Smartphone zur Verfügung.[lxxx] Bei den 8 bis 9-Jährigen gaben 58 % an, dass ihr Mobiltelefon auf ihren eigenen Wunsch hin angeschafft wurde und unter den 12 bis 13-jährigen Kindern gaben beachtliche 76 Prozent die entsprechende Antwort.[lxxxi]

Dies führt mich zu einer weiteren spannenden Frage, die gerade im Kontext mit unserer medialen Informationsgesellschaft einen weiteren wichtigen Punkt beleuchtet.

Ich meine hier die Frage nach dem Mobiltelefon respektive Smartphone in seiner Funktion als Statussymbol der Jugendlichen und Kinder.

Denn Statussymbole – und der mit ihnen verbundene Gruppendruck – sind heutzutage (fast) überall täglicher Begleiter der meisten Jugendlichen, wenn auch nicht immer offen, dann auf jeden Fall subtil.

Das kennen Sie bestimmt auch aus dem eigenen sozialen Umfeld und jeder Mitmensch in unserer heutigen Gesellschaft war dem Phänomen eines solchen Gruppendrucks schon einmal ausgesetzt bzw. mit ihm konfrontiert. Hat der Peter ein Telefon der Marke XY, dann braucht auch die Julia ein vergleichbares Gerät, damit sie ebenfalls hip, cool und dabei ist und nicht am Rand ihrer Clique steht.
Insbesondere Kinder und Jugendliche können unter einander sehr strikt und knallhart sein, wenn es um solche Sachen geht und das ist nicht neu.

Jede Generation hat ihr eigenes Statussymbol. Vor den Mobiltelefonen waren es bspw. die Klamotten und früher vielleicht die Fahrräder. Merken Sie etwas? Hier tauchen indirekt wieder die 4 Fragen auf, die der Soziologe Heinz Abels im Zusammenhang mit Identität und Individualität formuliert hat.

1. Wie bin ich geworden, was ich bin?
2. Wer will ich sein?
3. Was tue ich?
4. Wie sehen mich die Anderen?

Insbesondere die zweite Frage und wiederum auch die vierte Frage sind für Kinder und Jugendliche in einem zunehmenden Maße wichtig. Wer will ich sein? Diese Frage stellen sich Jugendliche in der Pubertät und in dem Stadium ihrer Entwicklung, in welchem sie sich nach und nach abnabeln, um sich ihr eigenes soziales Umfeld zu schaffen, mit Freunden in eine eigene soziale Kommunikation treten.

Gut, natürlich stellt man sich diese Frage auch noch öfter und eigentlich das ganze Leben hindurch immer wieder, aber das führt jetzt für unseren aktuellen Kontext etwas zu weit.

Wie sehen mich die Anderen? Diese Leitfrage beinhaltet außerdem die Fragestellung nach dem Eindruck, dem Bild, welches ich bei anderen Menschen hinterlasse.

Momentaufnahme 7: Freundschaft – in medias res!?

Homie, Amigo, Facebook-Freund, Kumpel – oder wirklich ein Freund?

Das Themenfeld „Freundschaft" ist sehr breit ausdifferenziert.

Mit diesem Beitrag soll der Versuch gewagt werden, sich dem Begriff der Freundschaft aus soziologischer, philosophischer Richtung zu nähern.

Was ist eigentlich *Freundschaft* und wie wird sie bzw. diese Art von zwischenmenschlicher Beziehung in unserer heutigen (modernen) Gesellschaft der Gegenwart definiert? Diese Frage wird im Zentrum dieses vorliegenden Kapitels stehen.

Was ist also Freundschaft und gibt es Freundschaft einfach so *in medias res*? Oder welche Dinge bzw. welcherlei Bedingungen müssen gegeben sein, damit sich Menschen gegenseitig als Freunde bezeichnen? Hier stehen wir in der Tat vor einer Multiple- Choice-Frage, denn jeder Mensch definiert Freundschaft für sich zunächst ganz individuell.

Damit soll jedoch nicht gesagt werden, dass es generell keine Ähnlichkeiten oder Übereinstimmungen in den Definitionen gibt, die die unterschiedlichsten Menschen mit dem Begriff der Freundschaft verbinden bzw. auf ihn anwenden, denn Gemeinsamkeiten gibt es durchaus.

Gleichwohl bleibt, trotz aller Standarddefinitionen, die jeweils persönliche Note bestehen.

Aber zunächst zum Anfang zurück, hin zu den Grundlagen und dem, was für jede Freundschaft *a priori* vonnöten ist – ich meine die *soziale Beziehung*. Max Weber stellt zur *sozialen Beziehung* fest:

> […] *„Soziale `Beziehung´ soll ein seinem Sinngehalt nach aufeinander gegenseitig eingestelltes und dadurch orientiertes Sichverhalten mehrerer heißen. Die soziale Beziehung besteht also durchaus und ganz ausschließlich: in der Chance, daß in einer (sinnhaft) angebbaren Art sozial gehandelt wird(...)"* […] (Weber, 1984, S. 47, Hervorhebungen im Original).

Weber folgend liegt also dann eine *soziale Beziehung* vor, wenn eine *Wechselseitigkeit* im *sozialen* Handeln zustande kommt (vgl. Weber, 1984, S. 41). Soziale Beziehung und soziales Handeln bilden somit erst einmal die Quelle, aus welcher später weiteres Potential entspringen kann – wohlgemerkt *kann* und nicht etwa *muss*, denn es gibt im Alltagsleben die unterschiedlichsten Formen und Abwandlungen von sozialen Beziehungen und nicht aus jeder dieser Beziehungen entwickelt sich automatisch eine Freundschaft!

Oder pflegen Sie zu jedem Menschen, mit dem sie tagein, tagaus verkehren etwa eine Freundschaft?

Was unterscheidet nun aber die herkömmliche, teilweise schnöde und zur Routine gewordene alltägliche soziale Beziehung von der Form einer zwischenmenschlichen sozialen Beziehung, die durch ein besonderes Prädikat zur Freundschaft erhoben wird?

Für Aristoteles ist Freundschaft ein zentral wichtiger Bestandteil des *obersten Gutes* des Menschen, das in einem Gut-Leben (*euzén*) besteht (vgl.von Siemens, 2007, S. 17). Aristoteles führt seine Gedanken rund um das Phänomen der Freundschaft im achten und neunten Buch seiner *Nikomachischen Ethik* zu einem wichtigen Satz zusammen, denn er bezeichnet im Fortgang seiner Überlegungen Freundschaft als „das für die Lebensweise (bios) Notwendigste" und stellt weiter fest, dass wir Freunden ein Wohltun gewähren, für welches wir in Beziehungen zu anderen, also Nicht-Freunden, keine Bereitschaft haben.

Damit billigt der alte griechische Meisterdenker der Freundschaft einen sehr hohen Stellenwert zu. Aristoteles betrachtet Freundschaft durchaus differenziert und wertend. Diese besondere Form der sozialen Beziehung haben wir zu anderen Menschen, die uns der Freundschaft würdig erscheinen. Freundschaften sind – wenn sie wirklich tiefgreifend verankert sind – keine Nullachtfünfzehn-Soße, sondern wesentlich mehr. Freunden vertrauen wir. In einer Freundschaft steht man für einander ein, freut sich an der wertvollen Zeit, welche man zusammen verlebt, gestaltet und genießt. Freunden gegenüber kann man sich öffnen, für Freunde hat man meistens ein offenes Ohr und – sollte dies gewünscht sein –, dann auch den ein oder anderen Ratschlag, wenn man nach einem solchen gefragt werden sollte. Die Zeit mit Freunden ist Qualitätszeit. Freundschaft ist kein Standard. Sie ist ein Geschenk. In einer Freundschaft bedarf es keinerlei Form der Eifersucht, da die Freundschaft zwischen zwei

Persönlichkeiten immer etwas Besonderes ist. Man kann mit unterschiedlichsten Menschen seinen Freundeskreis teilen respektive einen gemeinsamen Kreis haben, aber jeder dieser Freunde hat zu dem jeweils anderen eine außergewöhnliche und somit einzigartige Form und Weise des Vertrauens, der Nähe, der Offenheit und der Freude, welche man erlebt, wenn man mit der guten Freundin oder dem guten Freund Zeit gestalten darf. Zu den Merkmalen der Freundschaft zu anderen Menschen hält Aristoteles zusammenführend fest:

> *„Die Merkmale der Freundschaft zu anderen, und zwar diejenigen, durch die die Freundschaften bestimmt werden, scheinen aus denen unseres Verhältnisses zu uns selbst gekommen zu sein. Man bezeichnet nämlich als Freund denjenigen, der Gutes, oder was so erscheint, wünscht und tut um des anderen willen, oder denjenigen, der dem Freund Sein und Leben wünscht um des Freundes willen(...) Andere bezeichnen als Freund denjenigen, der mit dem anderen Zeit verbringt und dasselbe wählt, oder der mit dem Freund mitleidet oder sich mit ihm freut. “*(vgl. von Siemens, 2007)

Diese Definition aus Zeiten des Aristoteles hat noch bis in unsere Gegenwart hinein nichts von ihrer Gültigkeit und nachvollziehbaren Plausibilität verloren, denn welcher unserer heutigen Zeitgenossen würde etwa ernsthaft bestreiten wollen, dass sich Freundschaften heutzutage noch aus ähnlichen Motiven heraus entwickeln und manchmal gar zu Wahlverwandtschaften werden?

Bibliografie und Endnoten

Abels, H. (2008). Stigmamanagement oder: Woran macht man Identität fest und wie schützt man sie? *Vortrag auf der Jahrestagung der Studierenden mit chronischer Erkrankung und Behinderung der FernUniversität in Hagen 30.11.2008*, (S. 1-3). Hagen.

Baumann, Z. (1997). *Flaneure, Spieler und Touristen* . Hamburg: Hamburger Edition .

Becker, M. (5. Mai 2009). *Experten fordern Steuererhöhung gegen Komasaufen*. Abgerufen am 14. März 2010 von www.spiegel.de: http://www.spiegel.de/wissenschaft/mensch/0,1518,622952,00.html

Becker, M. (2007). *Grundstrukturen der Politik in Deutschland* . Hagen / Westfalen : FernUniversität in Hagen.

Behrends, S., & Kott, K. (2009). *zuhause in Deutschland. Ausstattung und Wohnsituation privater Haushalte.* Wiesbaden: Statistisches Bundesamt.

Benz, A., & Krick, E. (2007). *Grundstrukturen der Politik in der Europäischen Union* . Hagen/Westfalen : FernUniversität in Hagen.

Calaprice, A. (2005). *Einstein sagt.* München: Piper.

Clayton, R. B., Leshner, G., & Almond, A. (2015). The Extended iSelf: The Impact of iPhone Separation on Cognition, Emotion, and Physiology. *Journal of Computer-Mediated Communication* .

Cleve, B. (2004). *Gib niemals auf: Filmökonomie in der Praxis.* UVK.

Der Beauftragte der Bundesregierung für Kultur und Medien. (2008). *Medien- und Kommunikationsbericht der Bundesregierung 2008.* Berlin : Bundesregierung .

Dicke, C. (17. März 2007). *Jugendliche - keine Party ohne Vollrausch*. Abgerufen am 14. März 2010 von www.abendblatt.de: http://www.abendblatt.de/hamburg/article849992/Jugen dliche-keine-Party-ohne-Vollrausch.html

Döring, N. (2004). Wie verändern sich soziale Beziehungen durch Mobilkommunikation? . In U. Thiedeke, *Soziologie des Cyberspace* (S. 240-283). Wiesbaden : VS Verlag für Sozialwissenschaften.

Endruweit, G., & Trommsdorf, G. (2002). *Wörterbuch der Soziologie*. Stuttgart: UTB.

Feierabend, S., Karg, U., & Rathgeb, T. (2013). *JIM-Studie 2013*. Stuttgart: Medienpädagogischer Forschungsverbund Südwest.

Fitzi, G. (2008). *Max Weber* (campus Einführungen Ausg.). Frankfurt/Main: Campus.

Fraunhofer-Institut für Sichere Informationstechnologie SIT. (2008). *Privatsphärenschutz in Soziale-Netzwerke-Plattformen*. Darmstadt: Fraunhofer-Institut für Sichere Informationstechnologie SIT.

Gabriel, O. W., Niedermayer, O., & Stöss, R. (2002). *Parteiendemokratie in Deutschland*. Wiesbaden: Westdeutscher Verlag.

Hartmann, M. (2008). Geschlossene Gesellschaft:Eliten und Macht. In U. Schimank, & N. M. Schöneck (Hrsg.), *Gesellschaft begreifen Einladung zur Soziologie* (S. 85-97). Frankfurt/Main : Campus Verlag .

Heidbrink, H. (kein Datum). *www.journal-fuer-psychologie.de*. Abgerufen am 11. 3 2010 von http://www.journal-fuer-psychologie.de/jfp-1-2007-5.html

Heidbrink, H., Lück, H. E., & Schmidtmann, H. (2009). *Psychologie sozialer Beziehungen* . Stuttgart: W. Kohlhammer .

Hillmann, K.-H. (2007). *Wörterbuch der Soziologie* . Stuttgart : Kröner .

Kissler, A. (2009). *Dummgeglotzt Wie das Fernsehen uns verblödet* . Gütersloh : Gütersloher Verlagshaus .

Kolonko, P. (24. 2 2010). Bin die Schnellste :-) lg Ha Mok-min. *Frankfurter Allgemeine Zeitung* , 9.

Kutteroff, A., & Behrens, P. (2009). *KIM-Studie 2008:Basisuntersuchung zum Medienumgang 6- bis 13-Jähriger in Deutschland.* Stuttgart : Medienpädagogischer Forschungsverbund Südwest.

Lamprecht, S. (2008). *XING- Networking im Internet.* Hannover: Heise.

Lengfeld, H., & Hirschle, J. (2008). *Die Angst der Mittelschicht vor dem Abstieg.* Hagen/Westfalen: FernUniversität in Hagen.

Palfrey, J., & Gasser, U. (2008). *Generation Internet* . München: Hanser.

Plümper, T. (1996). *Lexikon der Internationalen Wirtschaftsbeziehungen.* München.

Postman, N. (1985). *Wir amüsieren uns zu Tode Urteilsbildung im Zeitalter der Unterhaltungsindustrie.* Frankfurt am Main: S. Fischer.

Rapsch, A. (2004). *Soziologie der Freundschaft* . Stuttgart : ibidem.

Rehbein, F., Kleimann, M., & Mößle, T. (2009). *Computerspielabhängigkeit im Kindes- und Jugendalter.* Hannover: Kriminologisches Forschungsinstitut Niedersachsen e.V. (KFN).

Saage, R. (2005). *Demokratietheorien.* Wiesbaden: VS Verlag für Sozialwissenschaften.

Schirrmacher, F. (2005). *Das Methusalem-Komplott.* München: Heyne .

Schirrmacher, F. (2006). *Minimum: Vom Vergehen und Neuentstehen unserer Gemeinschaft.* München : Karl Blessing Verlag.

Schmidt, H. (2008). *Ausser Dienst: Eine Bilanz*. Siedler Verlag München.

Schmidt, J. (2 2006). Onlinegestütztes Informations,- Identitäts und Beziehungsmanagement. *Forschungsjournal Neue Soziale Bewegungen* , S. 37-47.

Schmidt, J., Dreyer, S., & Lampert, C. (2008). *Spielen im Netz Zur Systematisierung des Phänomens "Online-Games"*. Hamburg: Hans-Bredow-Institut.

Schmidt, M. G. (2008). *Demokratietheorien* . Wiesbaden : VS Verlag für Sozialwissenschaften .

Schulz von Thun, F. (2003). *Miteinander Reden 1 Störungen und Klärungen*. Rowohlt.

Statistische Ämter des Bundes und der Länder. (2007). *Demografischer Wandel in Deutschland*. Wiesbaden: Statistisches Bundesamt.

Statistisches Bundesamt . (2009). Freizeit und gesellschaftliche Partizipation. In *Datenreport 2008* (S. 1-22). Wiesbaden: Statistisches Bundesamt der Bundesrepublik Deutschland.

Strompen, M. (April 2009). *"Der gläserne Deutsche - wie wir Bürger ausgespäht werden":*. Abgerufen am 7. April 2009 von zdf.de: http://dokumentation.zdf.de/ZDFde/inhalt/29/0,1872,75 52093,00.html?dr=1

Thiedeke, U. (2004). *Soziologie des Cyberspace*. Wiesbaden : VS Verlag für Sozialwissenschaften .

Thiedeke, U. (2000). *Virtuelle Gruppen: Charakteristika und Problemdimensionen*. Wiesbaden: Westdeutscher Verlag.

Tönnies, F. (1963). *Gemeinschaft und Gesellschaft* . Darmstadt: Wissenschaftliche Buchgesellschaft .

Vollbrecht, R., & Wegener, C. (Hrsg.). (2010). *Handbuch Mediensozialisation* . Wiesbaden: VS Verlag für Sozialwissenschaften.

von Alemann, U. (1997). Parteien und Medien. In O. W. Gabriel, O. Niedermyer, & R. Stöss (Hrsg.), *Parteiendemokratie in Deutschland* (S. 478-494). Bonn: Bundeszentrale für politische Bildung.

von Siemens, N. (2007). *Aristoteles über Freundschaft.* Freiburg/München: Verlag Karl Alber.

Weber, M. (1984). *Soziologische Grundbegriffe.* Tübingen : Mohr.

Weizenbaum, J., & Wendt, G. (2006). *Wo sind sie, die Inseln der Vernunft im Cyberstrom?: Auswege aus der programmierten Gesellschaft.* Freiburg im Breisgau: Verlag Herder .

Wessels, W. (2008). *Das politische System der Europäischen Union .* Wiesbaden: VS Verlag für Sozialwissenschaften.

Endnoten und Erläuterungen

[i] In: Abels, H. (2009) Einführung in die Soziologie: Band 1: Der Blick auf die Gesellschaft, Wiesbaden, VS, S. 21.

[ii] In: Familiendynamik, 40. Jahrgang, Heft 2/2015,S.159.

[iii] Obwohl hier anzumerken bleibt, dass es den *Zufall* (zumindest aus soziologischer Sicht) eigentlich gar nicht gibt.

[iv] vgl. zu diesem Aspekt auch Hartmann, Michael (2008): Geschlossene Gesellschaft: Eliten und Macht.

[v] vgl. Sir Karl Raimund Popper und die schwarzen Schwäne.

[vi] Zum Generationenbegriff u.a. vgl. auch Schirrmacher, Frank (2006): Minimum.

[vii] so der Untertitel seines Werkes *Gemeinschaft und Gesellschaft*

[viii] vgl. hierzu S.175 -178 in Schmidt, Helmut: Ausser Dienst: Eine Bilanz; Siedler Verlag, München (2008)

[ix] vgl. hierzu u.a. S. 60-69 in *DER SPIEGEL* 46/2008

[x] Insbesondere die deutsche Automobilindustrie und die von ihr abhängigen Zulieferer haben derzeit massive Absatzprobleme.

[xi] IMF engl. für *Internationaler Währungsfonds.* Zur weiteren Geschichte des IMF und seinen unterschiedlichen Aufgaben vgl. u.a. Plümper, Thomas (Hrsg.): Lexikon der internationalen Wirtschaftsbeziehungen, S. 170-173; R.Oldenbourg Verlag, München (1996)

[xii] Volksrepublik China

[xiii] Der ausländische Kapitalzufluss liegt gegenwärtig circa bei netto 6- 7 % des amerikanischen Sozialproduktes jährlich. D. h. die Auslandsverschuldung der USA wächst jährlich um circa neuhundert Milliarden Dollar. Die USA sind somit weltweit der größte Auslandschuldner. Vgl. hierzu S.178-180 in: Schmidt, Helmut: Ausser Dienst: Eine Bilanz; Siedler Verlag; München (2008)

[xiv] vgl. bspw. die Berichterstattung unter: http://www.tagesschau.de/inland/euro-hawk-ausschuss114.html (Zugriff erfolgte am 13.08.2013)

[xv] vgl. bspw. die Berichterstattung unter: http://www.tagesspiegel.de/themen/Edward%20Snowden (Zugriff: 13.08.2013)

[xvi] zum Modell der Konsensdemokratie vgl. S.319-334 in Schmidt, Manfred G.: Demokratietheorien, 4.Auflage, VS Verlag für Sozialwissenschaften

[xvii] Das war zu Zeiten der griechischen Polis und den mit ihr verbundenen politischen und gesellschaftlichen Überlegungen ihrer großen Denker noch wesentlich anders.

Aber heutzutage tut man sich mit elitentheoretischen Überlegungen schwer. Vgl. Saage, Richard: Demokratietheorien: Eine Einführung, VS Verlag für Sozialwissenschaften 1. Auflage, Wiesbaden 2005 [xviii] Zum Skandal um Pferdefleisch in Tiefkühlprodukten vgl. http://www.heute.de/London-Pferdefleisch-mit-Medikamenten-versetzt-26603440.html. Der Zugriff erfolgte am 14.2.2013

[xix] zur Salafisten-Problematik vgl. bspw. die Hintergrundberichte bei SpiegelOnline unter: http://www.spiegel.de/thema/salafisten/ (Zugriff erfolgte am 5.10.2014)

[xx] vgl. Film "Einstweilen wird es Mittag" ORF,1988

[xxi] vgl. hierzu: (Dicke, 2007) und (Becker M. , 2009)

[xxii] Zu eben jener Debatte sei bspw. auf folgende Medienberichte hingewiesen: http://www.sueddeutsche.de/politik/sexismus-vorhaltungen-fdp-schweigt-zu-stern-vorwurf-gegen-bruederle-1.1581378 und http://www.sueddeutsche.de/thema/%23aufschrei (Zugriff jeweils am 14.08.2013)

[xxiii] zum aktuellen Tarifkonflikt und Arbeitskampf bei der Deutschen 'Bahn vgl. bspw. die entsprechenden Artikel unter http://www.heute.de/lokfuehrer-streiken-auch-am-sonntag-ab-montag-eine-woche-streikpause-35502014.html (letzter Zugriff erfolgte am 19.10.2014)

[xxiv] vgl. http://www.spiegel.de/wirtschaft/unternehmen/deutsche-bahn-ramsauer-schliesst-boersengang-vorerst-aus-a-917205.html (letzter Zugriff erfolgte am 19.10.2014)

[xxv] Vgl. Meldung auf den Nachrichtenseiten des Deutschlandfunks unter: http://www.deutschlandfunk.de/export-rekordjahr-fuer-deutschen-aussenhandel.353.de.html?drn:news_id=450710 (Zugriff erfolgte am 9.Februar 2015)

[xxvi] Vgl. hierzu die Ergebnisse der Studie in Clayton, Leshner, & Almond, 2015 und den Bericht unter http://www.deutschlandfunk.de/nomophobie-bloss-nicht-ohne-mein-iphone.684.de.html?dram:article_id=311002 (letzter Zugriff erfolgte am 14.3.2015)

[xxvii] Zum Thema Subgemeinschaft bzw. Subkultur vgl. Lipp, Wolfgang in: Endruweit, Günter; Trommsdorff, Gisela(Hrsg.): Wörterbuch der Soziologie;2.Auflage; UTB, S.583-585

[xxviii] vgl. Die Welt und ein Wiener Eisenhändler: *Peter Turrini* DIE ZEIT, 39/1996

[xxix] Als Caster werden diejenigen der Kreativen im Filmgeschäft bezeichnet, die sich (oftmals zusammen mit dem Regisseur (und Redakteur)) um den Cast, also die Besetzung eines Films, kümmern.

[xxx] Fachausdruck für die verschiedenen Typen von Sendungen: z.B. Quizshow, Talkshow, Daily Soap, TV-Romanze, Weekly, Doku-

Soap, Koch-Show, aber auch Dokumentation, Reportagen, Nachrichten.

[xxxi] vgl. hierzu Neil Postman (1985): Wir amüsieren uns zu Tode Urteilsbildung im Zeitalter der Unterhaltungsindustrie; S. Fischer

[xxxii] vgl. hierzu den Geschäftsbericht, den die zuständige Gebühreneinzugszentrale (GEZ), für das Jahr 2012 unter http://www.rundfunkbeitrag.de/e1645/e2461/GB2012.pdf veröffentlichte(Zugriff: 8.12.2013)

[xxxiii] vgl. hierzu: (Kissler, 2009)

[xxxiv] Zur Finanzbasis der Rundfunkanstalten vgl. auch den 19. Bericht der Kommission zur Ermittlung des Finanzbedarfs der Rundfunkanstalten   unter https://www.zdf.de/ZDF/zdfportal/blob/26683756/1/data.pdf (letzter Zugriff erfolgte am 7.12.2016)

[xxxv]   Siehe   hierzu: http://www.welt.de/fernsehen/article2568016/Eitelkeit-und-Ekel-des-Marcel-Reich-Ranicki.html (Zugriff am 31.10.08,12:42) und http://www.zdf.de/ZDFmediathek/content/607598?inPopup=true (Zugriff am 31.10.08)

[xxxvi] vgl. Chronologie: Vom ersten Privatsender zum größten deutschen TV-Konzern,
unter   http://www.ftd.de/technik/medien_internet/17236.html (Zugriff am 31.10.2008)

[xxxvii] nicht nur in Deutschland

[xxxviii] Manch Kritiker könnte auch sagen *ruhigstellen*

[xxxix] Also ARD, ZDF und die weiteren Programme der öffentlich-rechtlichen Programm-Macher.

[xl] zum Deutschen Fernsehpreis 2008

[xli] Quoten beschreiben in der Fernsehbrache den jeweiligen Marktanteil, den ein Sender mit einer Sendung hat vgl. hierzu u.a. Cleve, Bastian: Gib niemals auf: Filmökonomie in der Praxis , Uvk (2004) und http://www.daserste.de/programm/quoten.asp (Zugriff 31.10.2008)

[xlii] Ähnliche Argumente kannte Tom aus seiner eigenen Erfahrung, er war während seiner Tätigkeit in dieser Brache (im Verlauf von so manchem Pitch) mit einigen der verantwortlichen Redakteure zusammengetroffen.

[xliii] vgl. hierzu von Alemann 1997: Parteien und Medien, S.478.

[xliv] Kissler, Alexander (2009): Dummgeglotzt, S. 10-11

[xlv] Für die Werte vgl. Statistisches Bundesamt, Statistisches Jahrbuch 2014, S. 205

xlvi vgl. Kissler, Alexander (2009): Dummgeglotzt, S. 13
xlvii Für die entsprechenden Werte vgl. Statistisches Bundesamt, Statistisches Jahrbuch 2014, S. 205
xlviii vgl. zu dieser Thematik Vollbrecht & Wegener, 2010
xlix So bewirbt RTL dieses Format auf seiner Webseite unter dem Menüpunkt „RTL Now".
l gemeint ist hier der ehemalige amerikanische Verteidigungsminister Donald Rumsfeld.
li Ein Slogan der Fast-Food-Kette Burger King.
lii So ein Werbespruch der Schokoriegelmarke Lion
liii So wirbt die Kosmetikmarke L'Oreal um ihre Kunden.
liv vgl. hierzu auch http://www.vplus.de/fun-vlasche/start/ (letzter Zugriff 15.07.2013
lv vgl. zum Denglisch http://www.spiegel.de/unispiegel/wunderbar/0,1518,310548,00.html Zugriff (15.12.2008) und http://www.stern.de/wirtschaft/unternehmen/meldungen/:Anglizismen-Come/532208.html Zugriff (15.12.2008)
lvi Zu den entsprechenden Daten vgl. Statistisches Jahrbuch 2014, S. 203.
lvii vgl.http://www.focus.de/digital/internet/markenschutz_aid_113750.html (Zugriff 8.3.2009)
lviii „WWW."
lix Diese beiden Begriffe werden hier wertneutral genutzt.
lx Udo Lindenberg - Album: *Stark wie zwei*
lxi vgl. die Internetseite des Anbieters unter: http://de.secondlife.com/pricing (Zugriff: 15.3.2009)
lxii Diese Information flimmert dem User gleich zum Auftakt seines Besuchs der Website des Kunstprodukts Second Life entgegen. Vgl. dazu den entsprechenden Webauftritt unter: http://secondlife.com/ (Zugriff erfolgte am 8.12.2013)
lxiii vgl. Thiedeke, Soziologie des Cyberspace, 2004
lxiv Zu den Angaben vgl. den entsprechenden Beitrag der Süddeutschen Zeitung. Dieser ist unter http://www.sueddeutsche.de/wirtschaft/quartalszahlen-facebook-steigert-umsatz-gewinn-und-nutzerzahlen-1.2196127 abrufbar. Der Zugriff erfolgte am 5.3.2015
lxv vgl. (Feierabend, Karg, & Rathgeb, 2013)
lxvi Vgl. JIM-Studie 2014, Seite 11.
lxvii vgl. hierzu die Ergebnisse der JIM-Studie 2014, S.11

[lxviii] Denn manche der angesprochenen Komponenten: also PC-Bauteile, kaputte Drucker etc. werden der Gruppe der LDC - Staaten geliefert und dort von den Ärmsten der Armen ausgeschlachtet.
[lxix] Online-Banking, Voice over IP, "Invisible Web"
[lxx] Nähere Informationen hierzu vgl. http://www.ub.uni-bielefeld.de/biblio/search/help/invisibleweb.htm (Zugriff 15.3.2009)
[lxxi] http://www.welt.de/politik/deutschland/article117272010/Die-kleine-Angela-moechte-aus-Neuland-abgeholt-werden.html (Zugriff erfolgte am 16.08.2013)
[lxxii] Im Rahmen eines Vortrages auf der Jahrestagung der Studierenden mit chronischer Erkrankung und Behinderung, FernUniversität in Hagen am 30.11.2008
[lxxiii] vgl. hierzu den so betitelten Bericht im Nachrichtenmagazin DER SPIEGEL aus 10/2009. Dieser ist auch unter http://www.spiegel.de/spiegel/print/d-64385862.html online abrufbar (letzter Zugriff erfolgte am 14.08.2013)
[lxxiv] vgl. Die Dokumentation „Der gläserne Deutsche wie wir Bürger ausgespäht werden". Dieser Film wurde mit Copyright aus dem Jahre 2009 für das ZDF produziert und ist noch heute über die Internetplattform YouTube unter http://www.youtube.com/watch?v=6hv194ZhkCM abrufbar (Zugriff: 09.08.2012).
[lxxv] Die Zensur des Internet durch Regierungen (z.B. in China) sei hier zwar erwähnt, aber fällt für unsere Fragestellung nicht so stark ins Gewicht.
[lxxvi] vgl.u.a.Fraunhofer-Institut für Sichere Informationstechnologie SIT, 2008 und den Datenreport 2013 des Statistisches Bundesamtes (Destatis) und Wissenschaftszentrum Berlin für Sozialforschung (WZB),
Zentrales Datenmanagement.

[lxxvii] vgl. (Kolonko, 2010)
[lxxviii] Zu den Daten des angesprochenen Zeitraums vgl. die entsprechenden Analyseergebnisse, die das Statistische Bundesamt in lockerer Folge unter dem Titel „Zuhause in Deutschland" veröffentlicht. Die entsprechende Publikation ist online unter: https://www.destatis.de/DE/Publikationen/Thematisch/Einkomme nKonsumLebensbedingungen/ZuhauseinDeutschland102320309900 04.pdf?__blob=publicationFile einzusehen (letzter Zugriff erfolgte am 9.2.2015).

^{lxxix} Vgl. hierzu das Statistische Jahrbuch für 2014. Dieses ist auf den Internetseiten des Statistischen Bundesamtes abrufbar: https://www.destatis.de/DE/Publikationen/StatistischesJahrbuch/St atistischesJahrbuch2014.pdf?__blob=publicationFile (letzter Zugriff erfolgte am 9. Februar 2015)

^{lxxx} Zu den weiteren Ergebnissen der Erhebung vgl. KIM-Studie 2014, Seite 45 ff.

^{lxxxi} Zu den weiterführenden Ergebnissen der erwähnten Erhebung vgl. KIM-Studie 2014 S. 45-46.